SUCESSÃO
DECISIVA E NECESSÁRIA

Sucessão: decisiva e necessária – os desafios de vencer a primeira sucessão presidencial do Grupo Gazin
Copyright © 2019 by Elias Awad
Copyright © 2019 by Novo Século Editora Ltda.

EQUIPE DE APOIO
Débora Prudêncio
Diego Henrique Soriani
Marcelo Romano

CAPA: Publik Marketing
PROJETO GRÁFICO: Equipe Novo Século
PREPARAÇÃO: Ronaldo Trentini
REVISÃO: Daniela Georgeto
CRÉDITO DAS IMAGENS: Acervo Grupo Gazin

Texto de acordo com as normas do Novo Acordo Ortográfico da Língua Portuguesa (1990), em vigor desde 1º de janeiro de 2009.

Dados Internacionais de Catalogação na Publicação (CIP)

Awad, Elias
Sucessão: decisiva e necessária: os desafios de vencer a primeira
sucessão presidencial do Grupo Gazin;
Elias Awad e Mário Gazin.
Barueri, SP: Novo Século Editora, 2019.

1. Empresários – Brasil – Narrativas pessoais 2. Gazin, Mário – Narrativas pessoais 3. Grupo Gazin – Sucessão empresarial I. Título. II. Mário Gazin

19-1555   CDD-926.58

Índice para catálogo sistemático:
1. Empresários – Brasil – Biografia 926.58

Alameda Araguaia, 2190 – Bloco A – 11º andar – Conjunto 1111
CEP 06455-000 – Alphaville Industrial, Barueri-SP – Brasil
Tel.: (11) 3699-7107 | Fax: (11) 3699-7323
www.gruponovoseculo.com.br | atendimento@novoseculo.com.br

Elias Awad

SUCESSÃO
DECISIVA E NECESSÁRIA

Os desafios de vencer a primeira
sucessão empresarial do **GRUPO GAZIN**

novo século®

São Paulo, 2019

SUMÁRIO

PREFÁCIO 7

APRESENTAÇÃO 13

INTRODUÇÃO 23

PARTE 1 CAMINHOS E ESCOLHAS 29

PARTE 2 OS DESAFIOS DE VENCER A PRIMEIRA SUCESSÃO 51

PARTE 3 EMPRESA E COMUNIDADE 63

PARTE 4 QUALIFICAR SEMPRE 75

MENSAGEM FINAL 107

SUCESSÃO EM IMAGENS 117

PREFÁCIO

Um jeito humano de fazer negócios

Os sonhos transformam realidades, e são esses os produtos com maior valor agregado. Realizar sonhos sempre foi o maior desafio que enfrentei no meu dia a dia, diante das empresas do grupo Koerich, e posso falar com propriedade que essa também é a premissa que norteou a trajetória de Mário Gazin, empresário que conheço há mais de 40 anos e que sempre buscou gerar valor. Sua trajetória desafiou as adversidades. Desde muito jovem tinha uma ambição: ser empreendedor, e ele chegou lá. Construiu um grande império no varejo. Nunca parou no tempo, sempre pensou além e, assim como a ordem natural da vida, também chegou a hora de pensar no futuro de sua empresa, na chamada sucessão.

Sabemos que esse é um caminho a ser construído por muitas mãos, uma decisão às vezes difícil, um dilema, pois novamente voltamos aos sonhos. Os sonhos das próximas gerações precisam ser fruto da trajetória de vida de cada um. E mais: quando a profissionalização da gestão vai além dos laços familiares, como implantar essa gestão? Esse foi justamente o caminho escolhido por Gazin, um padrão que não foi adotado em nossas empresas, mas que também aposta na profissionalização junto à gestão familiar e que traz para reflexão a dedicação e a incorporação da missão da empresa.

Dessa forma, entra em cena Osmar, uma figura cativa dentro da corporação que trouxe modernidades, mas não que isso signifique drásticas mudanças. Ele conhecia muito bem o perfil, o arrojo e a ousadia que está intrínseca à marca, que desde a década de 1980 amplia mercados com os grandes planos de expansão. Sabia também que investir em pessoas seria sempre seu maior capital, ensinamento este que também propagamos em nossa companhia, pautado sempre pelos resultados para o desenvolvimento da empresa. Participar da realização dos sonhos das pessoas transcende a filosofia da marca e pauta suas ações de relacionamento, seja com o público externo, o consumidor, e, principalmente, com o público interno, seus colaboradores.

Foi esse o grande valor que Mário Gazin procurou defender todos os dias e o trouxe como missão para a empresa. Nesta obra, será possível compreender os caminhos traçados para esse processo de sucessão, as escolhas, os acertos e também as rotas que precisaram ser recalculadas até a concepção do atual modelo de gestão.

Modelo este que tem como exemplo um líder inspirador, que soube canalizar em um único tripé o sucesso da empresa: trabalho, planejamento e realização. Que soube olhar além da montanha para que a marca pudesse ter sentido e prosperar independente do ramo de negócio a ser seguido.

E o propósito? Uma perspicaz visão de futuro. A preservação dos valores, da marca como filosofia de vida. Em nossa empresa temos a premissa de que toda organização, para ter sucesso, precisa do tripé MPP – Marca, Parceria e Pessoas.

E por quê? Simples, um líder preparado e que olha e projeta o futuro, conseguindo se colocar fora desse cenário, deve projetá-lo para que caminhe para a sustentação da marca, que é um conceito maior, a essência de um negócio. Marca essa forjada no trabalho, na decência, na ética, ou seja, com propósito.

Mário Gazin e eu nos assemelhamos em outro ponto: trouxemos nossas empresas até aqui, construímos nosso legado, nos inserimos na história e, agora, deixamos o futuro para que aqueles que estão sendo preparados, ao longo dos tempos, perpetuem as nossas marcas.

Você, leitor, independente de sua área de atuação, nas próximas páginas, com certeza encontrará uma série de aprendizados que poderá aplicar no seu dia a dia. Mas você pode se questionar, como assim? Pois essa foi uma história construída pelo trabalho, pela dedicação, pela busca de algo que para muitos poderia ser considerado uma loucura: o SONHO. E, então, partimos eu, o Gazin, você e tantos outros em busca dos nossos sonhos, sem deixar que ninguém diga que é impossível.

Antônio Koerich
Presidente do Grupo Koerich

APRESENTAÇÃO

Chegou a hora "antes da hora"

Eu estava com 60 anos em 2009 quando, na reunião do Conselho de Administração do Grupo Gazin, do qual sou fundador e acionista, alguém me perguntou: "Quando você vai deixar a presidência e abrir espaço para outros na gestão da empresa?". Era uma pergunta séria, delicada. Eu não estava preparado para recebê-la, muito menos para respondê-la. Eu pensei... pensei... e, no calor da emoção, disse: "Com 65 anos!".

Tal dito, tal escrito na Ata da Reunião! E se estava na Ata, deveria assim acontecer. Uma pedra de meio-fio, daquelas pesadas e utilizadas na demarcação entre as bordas das calçadas e o pavimento por onde circulam os carros, caiu na minha cabeça. Eu não esperava o questionamento e muito menos ter aquela reação.

Fui, então, procurar empreendedores ainda mais experientes do que eu, para ouvir o que eles tinham a dizer. Um deles foi Adelino Colombo, que se mostrou taxativo: "Onde está o seu juízo de querer parar com 65 anos?"

Nova consulta, agora ao empresário e igualmente varejista Samuel Klein. Dele ouvi: "Eu estou com 80 anos e não parei... continuo aqui firme!"

Busquei também, na Fundação Dom Cabral, orientação técnica com especialistas no tema. Trocamos muitas ideias e percebi que havia um erro conceitual no processo, mas que estava no caminho certo!

Consolidar a sucessão não quer dizer parar de trabalhar. Para o empreendedor, deixar de ser ativo de uma hora para outra representa a "morte"!

Eu não me imaginava ficar sentado em uma cadeira à toa. E definir a sucessão não tem nada a ver com isso. Claro, há a necessidade de se preparar para as adaptações de deixar a presidência executiva, tão dinâmica e intensa, para assumir, como dizem alguns, "apenas" a presidência do Conselho de Administração.

Não entrarei em detalhes, pois deixarei que o livro os mencione no transcorrer de sua leitura. Mas, depois de mais de cinco anos do processo de sucessão concluído, posso afirmar que vale a pena! Foram dois grandes crescimentos: eu me preparei para a sucessão e cresci como ser humano e empreendedor; a empresa passou por uma grande transformação e igualmente cresceu em todos os sentidos e setores.

Hoje reconheço que eu deveria ter iniciado e instaurado o processo de sucessão antes de completar os meus 64 anos, que foi quando tudo se concretizou. Certamente, este livro existe para relatar um modelo de sucessão de empresa familiar que deu certo!

Mas tão importante quanto o resultado são as ações, os esforços, as dúvidas que surgem, as readaptações, os desconfortos e confortos alcançados, a perseverança, a força e a frieza que se precisa ter para entender que um pequeno ato falho que aconteça no meio do caminho servirá de lição e não de motivo para desviar ou interromper um trajeto que possa comprometer o todo.

Tão importante quanto um processo de sucessão de empresa familiar bem-sucedido, principalmente quando se escolhe um executivo de fora da família, é o grande aprendizado que ele nos deixa!

É também um enorme exercício de desapego. Em 13 de dezembro de 1966, assumi a pequena loja que eu comprei em Douradina, no Paraná, com ajuda financeira do meu pai, que deu como parte de pagamento o Jipe que ele usava como táxi para melhorar os recursos e ajudar nas despesas de casa! Troquei também o bom salário que eu recebia, para a época, pela esperança de um futuro mais promissor.

E, 47 anos depois, no último dia de trabalho de dezembro de 2013, passei o comando para Osmar Della Valentina, executivo com então quase 20 anos de Gazin!

Lembrei-me de cada gota de suor que derramei, assim como meus sócios atuantes na empresa, os irmãos e cunhado, e de tanta gente que nos ajudou nessa trajetória, fazendo da Gazin uma empresa respeitada e bem posicionada no varejo, no atacado e na indústria.

Lembrei-me de que, quando assumi a loja, no primeiro mês eu fazia as refeições e dormia num pequeno hotel na cidade. No segundo mês, para economizar, dormia na loja e fazia as refeições no hotel. Já no terceiro mês... tive de cortar o almoço e dormia na loja, porque o dinheiro não dava para custear três refeições diárias...

Mas eu estava convicto de que deveria seguir adiante com o propósito de ter o meu negócio. De ser, como dizem, empresário ou empreendedor e de, para isso, superar todos os obstáculos e fazer sacrifícios! Confesso que em alguns momentos cheguei a me questionar, mas a convicção era mais forte!

Ser empresário no Brasil representa percorrer um duro e árduo caminho, mas que, para quem gosta de desafios como eu e de gerar riqueza para tanta gente, é extremamente gratificante e realizador!

Mário Gazin

Fazer o que é preciso

Honra maior do que ter sido escolhido pelo empresário Mário Gazin para ser o autor de sua biografia, que lançamos em 2016, é ser novamente por ele convocado para escrever este segundo livro, que retrata o case de sucessão do Grupo Gazin, fundado pelo senhor Mário.

Em minha trajetória como biógrafo, escrevo agora meu 27º livro. Convivi com alguns dos principais empresários brasileiros, a quem sou grato, e conheci de perto os processos sucessórios de suas empresas.

Dentre os meus biografados, o senhor Mário Gazin, que, assim como os seus sócios, têm herdeiros diretos, é o primeiro a promover e definir um sucessor que não seja da família. E o fez com bastante critério e brilhantismo.

Dos livros que escrevi, relato alguns dos meus biografados que também viveram o processo de sucessão. O senhor Júlio Simões destinou ao filho mais novo, Fernando, a missão de comandar a então empresa Júlio Simões, hoje conhecida como JSL Logística. Há anos Fernando vem fazendo um trabalho exemplar e multiplicou por várias vezes o tamanho da empresa e do faturamento.

Destaco também o educador Richard Hugh Fisk, o Mr. Fisk, das escolas de inglês Fisk e PBF. Sem herdeiros diretos, ou mesmo parentes que se interessassem, atuassem ou tivessem capacidade de tocar a empresa, o Mr. Fisk, buscando preservar franqueados e colaboradores, transformou a empresa na Fundação Richard Hugh Fisk. Igualmente, o escolhido para comandar a empresa, Bruno Caravati, deu "musculatura" à Fundação e aos seus negócios, tornando-a uma das líderes do segmento de escolas de idiomas.

Algumas sucessões das empresas dos meus biografados foram naturais e recaíram sobre os filhos mais velhos, que demonstraram capacidade para tal. Cito o empresário Samuel Klein, das Casas Bahia, sucedido por Michael Klein, e Vicencio Paludo, fundador do Grupo Vipal, que designou Arlindo Paludo como o novo comandante da empresa.

No caso do Grupo CRM, presidido pelo empresário Celso Ricardo de Moraes e detentor das marcas Kopenhagen, Chocolates Brasil Cacau e da *joint venture* com a Lindt, para a operação da empresa suíça no Brasil, digamos que o "tiro" foi certeiro! Celso tem apenas uma filha, Renata Moraes Vicchi, executiva que desde os 16 anos iniciou na empresa e que há alguns anos, por meritocracia, é a responsável pelo comando executivo do Grupo.

Também entre os meus biografados, o empresário Armindo Dias, que por décadas foi proprietário da Biscoitos Triunfo e em 1996 vendeu a empresa e migrou para a área de hotelaria, não teve dificuldades em definir o filho Antônio, executivo moderno e bem-preparado, como seu sucessor no Grupo Arcel, que detém uma rede de Hotéis e Resorts, entre eles, os da bandeira Royal Palm Plaza.

Ainda entre os meus biografados, há quem preferiu negociar a empresa a promover o processo de sucessão, motivado também por conflito familiar. É o caso do doutor João Uchôa Cavalcanti Netto, fundador da Universidade Estácio de Sá e que chegou a liderar o segmento nos anos 2000. Nas mãos dele a empresa saiu da filantropia, transformou-se em uma S.A., teve parte (20%) negociada com uma empresa de *private equity*, promoveu IPO (*Initial Public Offering* ou Oferta Pública Inicial) e, com alta valorização na bolsa, o doutor João vendeu o restante das suas ações por um excelente valor!

Destaco, ainda, o doutor Affonso Brandão Hennel, fundador da Semp Toshiba e da Semp TCL. Em 1996, ele concretizou a sucessão para um dos seus filhos, Afonso Antonio, executivo de grande valor que havia comandado a fábrica de Manaus e fez jus à oportunidade de presidir a empresa. Pois assim aconteceu até 2013, quando, após alguns anos da economia do país em crise e de resultados insatisfatórios, aos 84 anos, o doutor Affonso reassumiu o comando da empresa. Os resultados voltaram a ser satisfatórios e, como a Toshiba apresentava dificuldades financeiras e desinteresse pelo *core business* da companhia, que eram os televisores, ele encerrou a *joint venture* com a japonesa Toshiba e iniciou com a Chinesa TCL, segunda empresa no ranking mundial na produção e comercialização de eletroeletrônicos e eletroportáteis. Depois de tudo estar em ordem, o doutor Affonso Brandão Hennel, que em 2019 completou 90 anos, passou a presidência para um executivo contratado, Ricardo de Santos Freitas, e depois ao neto, Felipe Hennel Fay.

Existem muitos outros casos interessantes entre os cases de sucessão nos livros que escrevi, mas entendo que a decisão tomada pelo empresário Mário Gazin, assim como os seus sócios, foi a mais difícil. Primeiro, por não terem herdeiros diretos atuando no grupo ou mesmo preparados e para assumir a presidência executiva da empresa. E, segundo, pela maturidade de saber se desapegar do cargo e do negócio, mantendo-se na presidência do Conselho de Administração e dando ao seu sucessor, Osmar Della Valentina, carta branca para comandar, agir, mudar, transformar e ser aprovado pelos resultados positivos alcançados.

Daqui em diante, melhor do que "falar" é mostrar como tudo aconteceu e tem acontecido no vitorioso processo de sucessão do Grupo Gazin!

Elias Awad
Biógrafo e palestrante

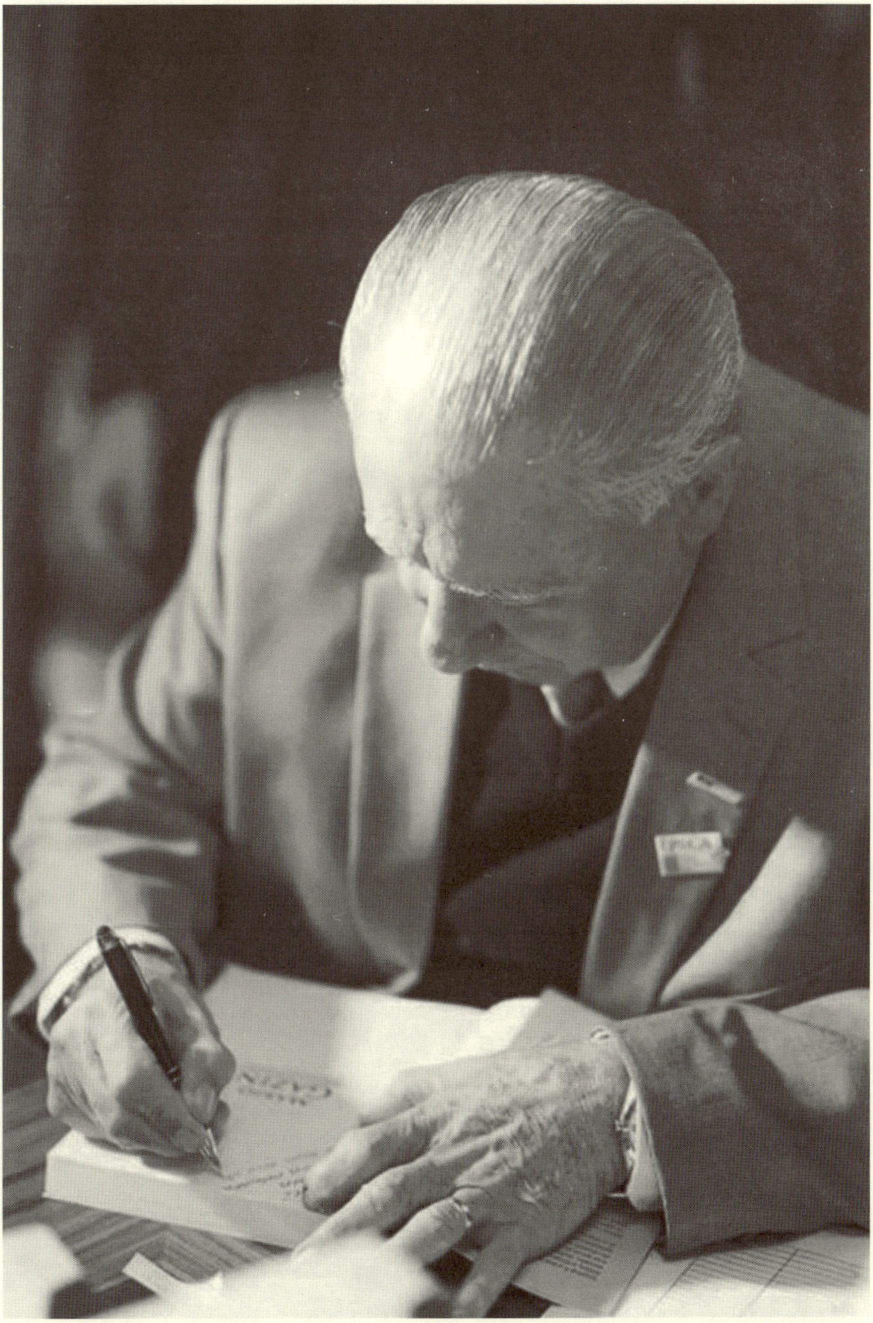

INTRODUÇÃO

Um tema que traz medo, insegurança, e que pode ser comparado ao efeito de um "remédio" que "mata ou cura"!

Por muitos anos, as empresas familiares foram "sinônimo" de retrocesso, de falta de inovação, de gestão centralizadora e conflituosa... por serem comandadas por "donos" e não por empresários, por empreendedores. As relações profissionais e pessoais se misturavam.

Em décadas passadas, os cursos universitários voltados para a Administração de Empresas e Economia pouco avaliavam a realidade do mercado brasileiro, composto em 80% por empresas familiares, conforme pesquisa da PwC, a PricewaterhouseCoopers, prestadora de serviços acessórios, entre eles, de auditoria e consultoria, divulgada em 2016. Números do Sebrae e do IBGE apontam, ainda, que empresas familiares geram 65% do Produto Interno Bruto (PIB) brasileiro e empregam 75% da força de trabalho.

Relacionavam-se as empresas familiares a companhias de gestão confusa e informal, nas quais o imediatismo prevalecia contra o planejamento e imperava o nepotismo em detrimento da meritocracia, que pouco contratava ou recorria a profissionais especialistas e técnicos em determinadas áreas...

São conceitos que ficaram no tempo e deixaram de ser a regra, assim como a antiga frase e alerta "Pai rico, filho nobre, neto pobre", que expressava a realidade das empresas familiares nacionais.

Ainda bem! Nas décadas recentes não existe mais espaço para amadores!

Os méritos para tal guinada e profissionalização das companhias são justamente associados aos fundadores e sucessores, que determinaram a necessidade de provocar mudanças no processo, em que o autodidatismo deu lugar à qualificação conceitual. A governança corporativa, mesmo como um tema considerado ainda recente no país, tem colaborado para essa "virada de mesa".

Entre os excelentes exemplos de empresas que desafiaram a regra está a própria Gazin, cujo modelo de sucessão será apresentado neste livro e que sempre se posicionou entre aquelas que fazem a diferença! Prova disso é o reconhecido trabalho de Gestão de Pessoas, que faz com que a empresa se posicione entre as melhores para se trabalhar no Brasil e na América Latina, conforme rankings do *Great Place to Work*, entidade mundial que atua em mais de 60 países, e da Revista VOCÊ S/A.

Certamente, alguns fatores que transformaram e têm perpetuado a história das empresas familiares, independentemente do tamanho delas, são, entre outros, o desenvolvimento do todo, ser mais flexível para a governança corporativa e seus princípios, que são a transparência, a equidade, a prestação de contas (*accountability*) e a responsabilidade corporativa, e os acertos ocorridos no tema e na metodologia para definir a sucessão! Passou a prevalecer a qualidade, independentemente do sobrenome! Com ou sem o sobrenome da família, a escolha e a definição recaíram, como citado anteriormente, pela meritocracia!

Iremos, então, apresentar no transcorrer deste livro o processo sucessório vivido pelo Grupo Gazin, comandado pelo fundador, Mário Gazin, e definido conjuntamente com os outros acionistas, dez ao todo. O quadro é composto, além de Mário Gazin e da esposa, pela irmã e o ex-cunhado, e pelos três irmãos e suas respectivas esposas; cada qual detém 10% das ações.

GESTÃO DE PESSOAS

JEITO GAZIN

- Programa de Formação Gerencial – 26
- Treinamento de Vendas - 1000
- Treinamento de Multiplicadores - 21
- Treinamento de Lideres para Alta Performance - 60
- Educação Corporativa como base do Projeto Empresarial - Todos
- Transmissão do HSM ao vivo - 650
- LATAM – 160
- Treinamento Vivencial Atacado e Industria - 500

PARTE 1
CAMINHOS E ESCOLHAS

Cuidar de quem mais precisa

"Não tenha dó da sua família. Tenha dó é da sua empresa!"

Ainda na primeira metade dos anos 1990, Mário Gazin ouviu esta frase de uma consultora. Naquele período, Mário planejava criar uma *Holding*, que concentraria os negócios e bens da família.

E a consultora complementou:

"Mário, salve a sua empresa que você vai salvar a família!"

As palavras foram marcantes para Mário, que sempre procura compartilhá-las com quem vive um processo semelhante, o da sucessão de empresa familiar.

E "salvar" a empresa, mantendo-a cada vez mais competitiva e sólida, inclui desenvolver um modelo de gestão, iniciado com a sucessão, disposto a sofrer transformações e abrir ainda mais espaço para a inovação, inclusive, no modelo de negócios.

As sábias frases que se tornaram aprendizados não pararam por aí: "A família cresce mais do que a empresa".

Mário presenciou inúmeros casos de famílias que "prosperaram" mais do que o tamanho da empresa:

– É natural que os filhos cresçam, se casem, infelizmente se separem. Nós, acionistas, reinvestíamos todo o lucro líquido na Gazin. Demoramos muitas décadas para que a família passasse a retirar parte do lucro para dividir entre os sócios. Hoje até aumentamos um pouco essa participação.

Mário Gazin ainda sentencia:

– O lucro líquido é como a semente, que se transformará em árvore e dará frutos. Mas, se comer a semente, não tem multiplicação!

Efetivamente, os irmãos e sócios da família Gazin são bastante ponderados em relação a esse aspecto. A prioridade é sempre a empresa e não há disputa de poder, pois Mário foi definido de forma natural como líder; metaforicamente, entre os Gazin só se "colhem e comem os frutos, jamais a semente!", conforme conta Mário:

– Nenhum dos meus irmãos liga para o poder ou por ter grande riqueza. É uma benção. Às vezes, vejo empresas pobres e os donos ricos. Aqui é o contrário! Acompanhei muitas empresas que precisaram ser vendidas pelo fundador ou acionistas para não quebrarem. Mas a situação delas era tão delicada que na realidade não foram vendidas, e sim compradas. Com isso, quero dizer que uma empresa é vendida quando o mercado paga o valor que é pedido pelos acionistas; em contrapartida, uma empresa é comprada quando acaba por ser adquirida não pelo valor pedido, e sim pelo valor que o mercado oferece, ou seja, abaixo do inicialmente apresentado aos interessados.

Desde que a Holding foi criada e entrou em ação nos anos 2000, os salários e o percentual das retiradas sobre o lucro líquido da família ficaram bem definidos. Sob o "guarda-chuva" da Holding estão os imóveis comuns da família, como as residências dos acionistas. Individualmente, cada sócio pode também criar sua própria Holding, mantendo, assim, o patrimônio pessoal dos herdeiros diretos preservado.

Em 16 de novembro de 2000, Mário completou 51 anos. Uma excelente idade para criar a Holding e, efetivamente, fazer aquilo que se costuma chamar de preservar a empresa. A Holding é a segurança das empresas familiares; traz segurança e tranquilidade à família e aos colaboradores. Era o primeiro passo antes da sucessão, que ainda estaria por vir mais de uma década depois.

Em 1999, como a Gazin foi a primeira empresa da região a partir para a criação de uma Holding, a Juíza de Umuarama questionou Mário e não queria assinar o processo:

– A mulher chegou a consultar colegas de outras praças. Depois disso, ela assinou e autorizou o andamento da abertura da Holding. Vieram, então, outras solicitações que foram aprovadas, sob alegação de respeitar o desejo dos pais, fundadores do negócio e que prezam pelo bem-estar da empresa e da família.

Mário quis antever algum possível problema que viesse a ter no meio do caminho:

– Tem que fazer a Holding quando você ainda é mais jovem. Pode acontecer uma separação conjugal, atritos de relacionamento em família... são alguns dos principais problemas que fazem o fundador pensar na continuidade da empresa e no futuro da família. Por isso é determinante já pensar em Holding a partir dos 50 anos. O processo não é tão rápido, leva de três a quatro anos, e o nosso levou em torno de seis anos. Estude as Holdings de outras empresas antes de criar a sua.

O modelo da Holding foi uma adaptação daqueles que Mário e sua equipe pesquisaram e conheceram, como os da empresa norte-americana Cargill e da italiana Parmalat, ambas multinacionais do segmento de alimentos.

Efetivamente, a Holding pode "engessar" e tornar morosas algumas ações da empresa, que ficam determinadas às regras permitidas no estatuto, que definem não apenas o que se deve, mas o que se pode fazer. Em contrapartida, a criação da Holding diminui conflitos societários. É importante levar em consideração que conflitos são parte do processo, mas que é preciso saber como superá-los e administrá-los.

Contudo, quando foi criar a Holding, Mário espantou-se com a questão que lhe foi colocada:

– Quando eu comecei a pensar na Holding, me perguntaram: "Você quer criar uma Holding para quebrar ou para funcionar?". E me explicaram o motivo da pergunta: "Existe um modelo em que o capital fica 'blindado' e só os acionistas podem mexer; essa pode quebrar. Já o outro deixa o capital livre, o que representa um formato melhor para obter crédito, pagar fornecedores, entre outras ações". Das cinco Holdings blindadas que eu conheci, nenhuma delas existe mais. O patrimônio da Holding não deve ou pode ser usado pelos sócios, mas apenas pela empresa.

Desde o início dos anos 1990, Mário Gazin já buscava conhecer processos sucessórios de empresas nacionais familiares, como a Sadia, que depois foi associada à Perdigão na criação da BRF, e o Unibanco, da família Moreira Salles, que também se uniu ao Banco Itaú.

Os contatos com representantes dessas companhias foram feitos na empresa de consultoria e educação de Renato Bernhoeft, um dos principais especialistas em sucessão e continuidade de empresas e sociedades familiares, que promovia encontros entre membros das empresas.

ORGANOGRAMA 2019 GAZIN

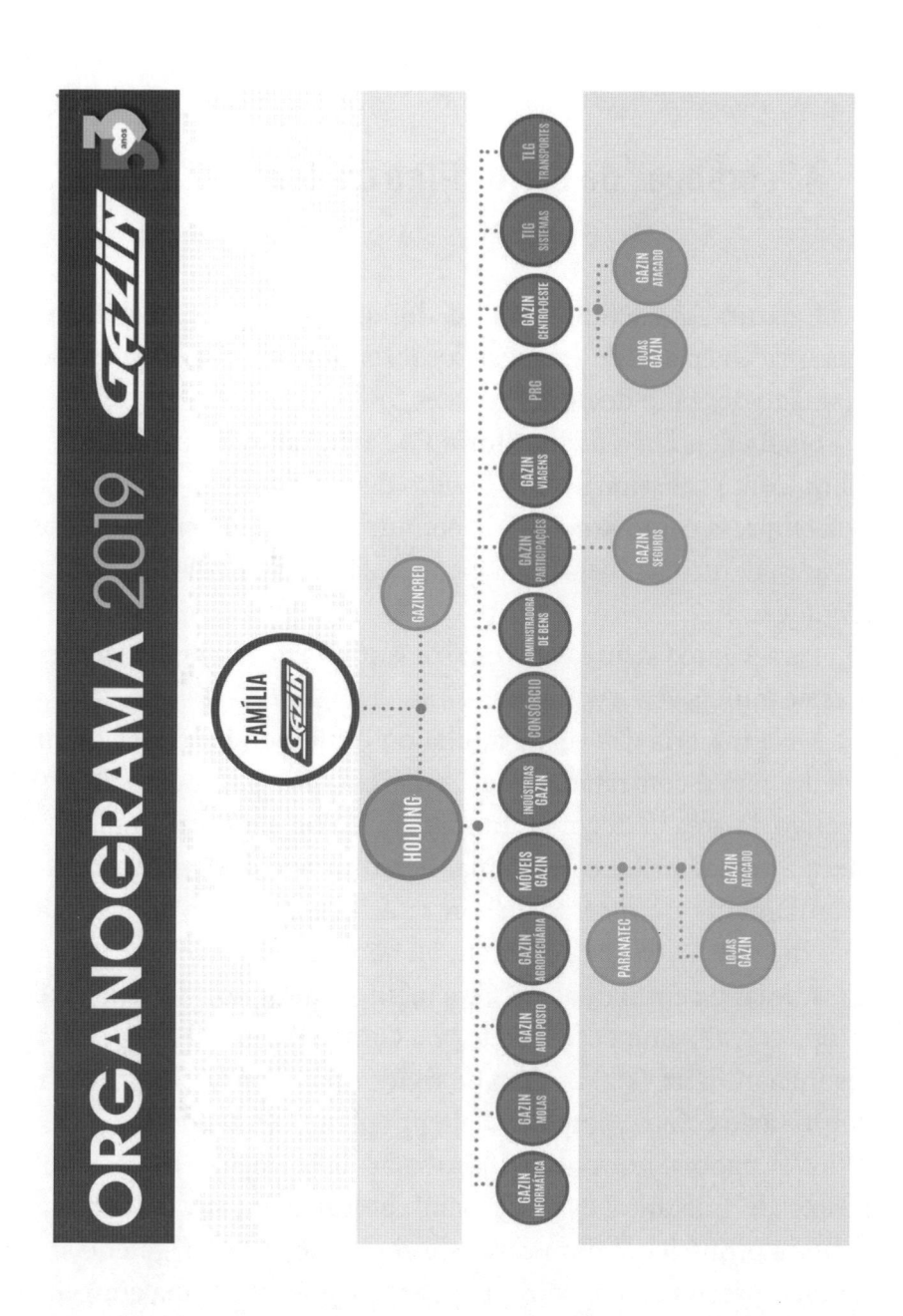

FAMÍLIA GAZIN

HOLDING

- GAZINCRED
- TLG TRANSPORTES
- TLG SISTEMAS
- GAZIN CENTRO-OESTE
  - GAZIN ATACADO
  - LOJAS GAZIN
- PRG
- GAZIN VIAGENS
- GAZIN PARTICIPAÇÕES
  - GAZIN SEGUROS
- ADMINISTRADORA DE BENS
- CONSÓRCIO
- INDÚSTRIAS GAZIN
- MÓVEIS GAZIN
- PARANATEC
  - GAZIN ATACADO
  - LOJAS GAZIN
- GAZIN AGROPECUÁRIA
- GAZIN AUTO POSTO
- GAZIN MOLAS
- GAZIN INFORMÁTICA

A "sombra" de ser o "filho do dono"

É natural que o filho do fundador da empresa receba dentro da "herança" o "peso" de carregar o sobrenome e de ser conhecido e chamado de "filho do dono".

Qual é, então, a melhor forma de agir, tanto do pai quanto do filho? Com profissionalismo! O filho deve ser tratado na empresa e pela empresa como funcionário comum do quadro, tendo direitos e deveres, dentro da hierarquia e com salário compatível com a função que exerce.

Para Mário Gazin, o processo de entrada de um familiar na empresa é muitas vezes equivocado:

– Na maioria das vezes, a filha ou o filho do fundador ou presidente não é contratada/o pela empresa, não passa pelo processo seletivo da área de recursos humanos. Ela ou ele simplesmente começa a trabalhar na companhia. Acredito que o ideal seja realizar externamente o processo de contratação e avaliação das capacitações dos familiares para atuarem ou não na empresa.

Apesar de entender ser esse o melhor caminho, Mário faz mea-culpa e avalia que pecou na forma como seus familiares e parentes iniciaram na Gazin. Além da rigidez na hora da contratação, o empresário orienta para que haja um plano de carreira:

– É importante que os filhos não iniciem na empresa pelos postos de liderança. Não dá para colocar alguém que começa a carreira profissional num cargo de chefia, supervisão, gerência... O familiar precisa conquistar seu espaço, da mesma forma que outros colaboradores o fazem, sem privilégios e por meritocracia.

Família Gazin
(da esquerda
para a direita):
Rubens, Mário,
Jair, Alfredo
(pai) e Antonio

Há ainda outra forma de o filho iniciar no mercado de trabalho e começar a ganhar experiência, conforme explica Mário Gazin:

– Sou também favorável a que filhos e netos comecem a carreira trabalhando fora da empresa da família. Isso os engrandece. Às vezes me questiono se agi certo no início profissional dos meus filhos. Amamos nossos filhos, mas na empresa eles devem ser tratados sem diferença ou facilidades.

E quando a relação profissional começa ou se encaminha da forma errada, a família toda sofre com as consequências. Mário Gazin provou o amargo sabor dessa mistura de sentimentos:

– Para um pai, ter que demitir um filho representa uma dor muito grande. Claro, se você contrata alguém, tem que saber que algum dia a pessoa poderá ser demitida. Isso vale para todos! Particularmente, tive que demitir filho e sobrinho porque não estavam cumprindo seus papéis na empresa. Não é uma missão fácil, mas necessária. O mais duro é demitir de dia na empresa e à noite estar sentado ao lado do filho na mesa de jantar de casa. Mas não me arrependo dos meus atos! Foi importante para eles e para a companhia.

Os filhos de fundadores, presidentes e "donos" do negócio devem entrar na empresa com força mental e de trabalho, conhecer a atividade e passar como funcionários de carreira pelas diversas áreas da empresa, buscar conhecimento e qualificações, desenvolver liderança e trabalho em equipe, e estar dispostos a tomar posições e decisões.

Mário Gazin explica:

– Os filhos precisam se "vestir" de dono e de empregado, sem deixar de ser os filhos do dono, que é o papel mais difícil de viver. Convivo com filhos de fundadores que são muito bem-preparados. São sucessores que conhecem bem a empresa, a personalidade do pai, sabem acomodar e resolver situações e problemas, e agregam em conhecimento para reinventar o negócio.

E complementa:

– Há uma definição importante, a de saber, entre os filhos, quem é herdeiro e quem é sucessor e empreendedor. Certa vez cobrei uma postura mais atuante na empresa de um dos meus filhos e ele me disse: "Pai, o que o senhor me pede, a postura que o senhor exige de mim, realiza o seu sonho, o seu ideal, e não o meu!" Eu entendi e respeitei a posição dele, pautada dentro daquilo que ele busca para a própria vida.

Outro fator importante: não é porque uma filha ou filho trabalha na empresa que obrigatoriamente ela ou ele será presidente, conforme posiciona Mário Gazin:

– Um filho pode não ter o melhor perfil para ser presidente, mas chegará até o ponto máximo que seu estilo e suas aptidões o permitirem dentro da empresa. Poderá ser um gerente, diretor, vice-presidente ou presidente, posição conquistada por meio de suas capacitações. A empresa precisa da interação da força do jovem aliada à experiência dos mais velhos. Não há confronto, mas encontro de ideias e troca de conhecimentos. O que é bom, dura!

A discussão entre ser herdeiro ou sucessor é bem antiga. Sucessores multiplicam os negócios, atuam comprometidos com a empresa, buscam conhecimento e crescimento profissional. Herdeiros são aqueles que detonam o patrimônio constituído pela mãe ou pai sem nada produzir; preferem usufruir e receber mesada ao invés de salário pelo trabalho desenvolvido.

Em algumas oportunidades, Mário Gazin ouviu filhos de outros empresários reclamarem que o pai não deixou nada, nenhum patrimônio para eles. E imediatamente retrucou:

– E por que você não cuidou da empresa e do dinheiro que seu pai ganhou? O seu pai alcançou muitas conquistas, agora, busque as suas! Filho não precisa ser convocado para atuar na empresa. Se há vontade e iniciativa, o "convite" deve partir da filha ou do filho!

E Mário ainda deixa o aviso:

– Muitos pais veem os filhos como heróis, mas, na realidade, eles são apenas herdeiros. Quando não se tem um filho seguidor, a missão é a de achar alguém para sucedê-lo! Às vezes o filho tem um projeto enorme para quando o pai partir, mas não tem ideia de como realizá-lo, pois lhe falta a experiência que o pai tinha de sobra para compartilhar.

Quem pode e quem não pode ser presidente

No processo sucessório, há uma criteriosa análise a ser feita até que se tome uma decisão. Muitos são os nomes que surgem. Assim, antes de escolher o mais bem preparado para a função, é decisivo excluir da relação aqueles que, numa análise mais aprofundada, não apresentam o perfil ideal para a função de presidente executivo.

O empresário Mário Gazin já havia eliminado parte crucial dessa dúvida:

– Por volta de 2007, descartei a possibilidade de que algum irmão, filho ou parente pudesse ser meu sucessor. Havia até a possibilidade de um dos meus filhos ser talvez um alto executivo ou vice-presidente, mas isso não se confirmou com o tempo. É preciso ter frieza para aceitar tal situação e para definir o que é melhor para a empresa! Outra decisão que eu já tinha em mente: meu sucessor seria um executivo da casa e não contratado do mercado!

Mário Gazin retrata a importância de uma forte e madura relação entre os sócios, e que representam uma mesma família:

– Eu nunca quis me separar dos meus irmãos. Cada um de nós tem seu estilo, atuação e importância na trajetória da Gazin. Apesar de eu ter assumido o comando dos negócios, confesso que não sei dizer qual de nós fez a diferença! Será que fui eu? Será que foi algum dos meus irmãos? É algo difícil de afirmar... Todos têm seu mérito!

Mário ainda se recorda de uma conversa que teve com o pai dele, Alfredo Gazin, e que reforça a ideia acima:

– Quando eu e meus irmãos éramos muito jovens, nosso pai comprou um sítio no Paraguai e colocou no meu nome e no do meu irmão mais velho, o Rubens, que curiosamente foi registrado com o sobrenome de Gazini e não de Gazin. Ao ser questionado sobre o motivo de colocar a propriedade só nos nossos nomes, ele disse que o Rubens e eu iríamos trabalhar mais. Hoje eu digo para o meu irmão Antonio, o mais novo: "Eu realmente trabalhei mais, mas também vou parar mais cedo do que você!"

Veio, então, a definição do sucessor, Osmar Della Valentina, executivo com uma trajetória de 18 anos construída na Gazin. Com a nomeação de Osmar, o fato de ter alguém da "casa" como presidente executivo da Gazin motivou ainda mais aqueles que tinham perfil de liderança na empresa.

Foram mais de dois anos de preparação, para que Osmar se habituasse e acompanhasse de perto a real atuação de um presidente executivo, que precisa estar munido de informações e números, e ter uma visão panorâmica da companhia, que atua em vários setores: varejo, atacado, indústria, agronegócio, posto de gasolina.

Mais perto do que se imagina

Uma situação bastante complicada nas empresas familiares acontece quando se constata que não há na família ninguém preparado para a sucessão.

Entre as muitas condutas daquilo que se deve fazer, fica o aviso sobre uma das opções: a solução está mais perto do que você imagina!

O fundador da Gazin explica:

— É preciso ter cuidado na escolha e, principalmente, ao procurar um executivo de fora da empresa, no mercado. Ao escolher alguém que fez carreira na empresa, o impacto interno é positivo. O profissional já conhece amplamente a cultura da companhia e contará com a colaboração dos colegas de trabalho. Já quem vem de fora pode não ser tão bem aceito pelo pessoal. Certamente, o profissional que veio do mercado buscará impor seu ritmo e estilo de trabalho e implementará mudanças que podem ser rejeitadas pelos colaboradores com mais tempo de casa.

No caso da Gazin, a escolha recaiu sobre um executivo interno e, fugindo à regra, conforme apresenta Mário Gazin, com resultados satisfatórios:

— Há o risco de o primeiro sucessor escolhido não vingar. Ele inicia mudanças e sofre pressão dos funcionários e da família. Eu acompanhei algumas empresas familiares que não acertaram na primeira e até na segunda escolha, mas acredito que o erro maior está em não dar apoio ao profissional. Digo isso porque, na terceira tentativa, o profissional repete o que o primeiro e o segundo presidente executivo tentaram fazer, mas conta agora com apoio interno, da família acionista e, principalmente, do patriarca!

E Mário ainda relembra que desde o início interveio em favor do novo presidente:

– Eu nunca pensei em voltar atrás na decisão. Eu sempre dizia para a equipe de trabalho: "Agora vocês vão ajudar o Osmar e não mais o Mário". Talvez, se fosse alguém de fora da Gazin, o impacto não fosse tão positivo como foi com o Osmar.

É preciso também observar as características dos possíveis sucessores. Muitas vezes, aquele que assumirá a sucessão pode não ser obrigatoriamente o colaborador ou mesmo o familiar com mais idade ou mesmo que seja o mais bem remunerado. A cada ação positiva, o executivo ganha ponto com o fundador e a alta direção, conforme exemplifica Osmar:

– Lembro-me de uma passagem de anos atrás, quando ainda dirigia o atacado. Fui ao nordeste, para conhecer a praça, e, nas conversas com os moradores, eles me disseram que recebiam bolsa família e que ainda sobrava dinheiro para comprar algo a mais. Aquilo me chamou atenção. No meu retorno, perguntei ao Mário sobre a possibilidade de abrir a atuação da Gazin na região. Ele topou o desafio! Abrimos a filial de Feira de Santana e obtivemos um bom resultado. Tal fato não se refletiu em aumento no meu salário, mas elevou o meu conceito em relação à direção. As pessoas precisam ser proativas e buscar os melhores benefícios para as empresas que defendem e, ao mesmo tempo, entender que a recompensa nem sempre é financeira ou vem de imediato. Isso pesa na avaliação e escolha do sucessor. O olhar para o desenvolvimento da empresa ajudará no futuro para o crescimento profissional na companhia, podendo chegar a ser sucessor, conforme aconteceu comigo.

Foi justamente o excelente desempenho de Osmar na gerência do atacado, área em que muitos varejistas passaram a atuar, mas na qual boa parte teve que retroceder justamente pela dificuldade de entender o modelo de negócio, que o executivo conquistou a confiança de Mário Gazin e dos acionistas. Uma confiança que, conforme explica Mário, cresce a cada dia:

– Quando o Osmar assumiu o atacado, ele teve pela frente um grande desafio. E se saiu muito bem! Mesmo com as transformações do mercado, ele soube redirecionar os negócios e abrir novas frentes de clientes, como postos de gasolina, hotéis, padarias. Lembro-me de que certa vez eu estava em São Paulo, no sofisticado bairro dos Jardins, e me deparei com o nosso caminhão entregando dois freezers no Empório Santa Luzia, conceituada loja de supermercado. Fiquei muito feliz e orgulhoso com aquilo. Foi uma grande conquista da empresa e da visão gerencial do Osmar!

Sucessão: duas decisões em uma

Iniciar o processo sucessório das empresas familiares envolve duas grandes decisões do fundador ou futuro sucedido: a primeira delas será "Quando fazer a sucessão?"; e a segunda: "Quem será o sucessor escolhido?".

Paralelamente, vários componentes, e fatores que interferem direta ou indiretamente, devem ser dosados no processo. Entre eles, estão a empresa e sua cultura como um todo, a família acionista, os potenciais sucessores e seus respectivos perfis, além do impacto da decisão no mercado.

No caso da Gazin, Mário, com a ajuda do pai, Alfredo, que, como já citado, disponibilizou um jipe para a aquisição da loja que não ia nada bem nas mãos do antigo proprietário, iniciou como varejista em 1966. Com autodidatismo, cursos e muitos conselhos de comerciantes, empresários e consultores experientes, criou seu modelo de negócio e de gestão.

É natural que, quando o fundador está no comando, as relações entre a empresa e os colaboradores sejam mais estreitas e calorosas. Em 47 anos de comando – Mário Gazin deixou a presidência executiva em 31 de dezembro de 2013 –, a Gazin notabilizou-se pelo comando do "Seu Mário", que agia com a razão e grande dose de emoção!

Muitos dos colaboradores o chamavam e ainda o chamam de "Pai Mário", e é comum que se sintam trabalhando não apenas para a Gazin e sim pelo "Seu Mário". A relação não é simplesmente profissional, envolve respeito, carinho, comprometimento e admiração pela história empresarial e de vida de Mário Gazin.

Provocar a troca da presidência executiva iria "esfriar" e profissionalizar essa relação, conforme explica Mário Gazin:

– A Gazin de hoje é mais profissional. Pode até ser mais fria, mas tem outras formas de aquecimento. Antes, quando eu estava à frente do comando, digamos que era com "fogo de fogueira à lenha", alimentada com a força e o suor das pessoas e onde o fogo que provocava o calor oscilava, mas nunca apagava. Agora, sob o comando do meu sucessor, o fogo é constante, a gás, está sempre igual, uniforme! Não é questão de perda e de ganho, mas de aplicação de processos e de tempos ideais na gestão da empresa!

Havia por parte de Mário o temor de que o novo comandante eliminasse ações e benefícios corporativos concedidos aos colaboradores, mas, com o tempo, esse sentimento foi ficando para trás, sendo esquecido:

– Muitas ações achei que seriam interrompidas quando eu saísse. Temia também pelo fim ou enfraquecimento dos investimentos que fazemos em ensino e qualificação dos funcionários. Mas, ao contrário, tudo se organizou e até se ampliou, com mais controle das atividades. As mudanças certamente foram para melhor.

Apesar de ter sido concluída em 2013, quando Mário Gazin tinha 64 anos, uma década antes o *start* da sucessão foi dado. Em 2003 e aos 54 anos, Mário pediu aos irmãos que, assim como ele, definissem seus respectivos sucessores e que participariam e os representariam no Conselho de Administração; era a antevisão para enfrentar um problema de saúde ou uma fatalidade.

Dos cinco irmãos, apenas um deles escolheu a filha. Os outros, inclusive Mário, optaram por pessoas de fora da família; a preferência de Mário Gazin já recaía sobre Osmar Della Valentina.

Os encontros entre Mário e Osmar sempre são propícios para a troca de ideias

The day after

O dia seguinte da sucessão presidencial da Gazin foi, digamos, traumático para Mário. A vontade era de ir para a mesa que foi dele por muitos anos, situada entre as de outros colaboradores que, assim com ele, não tinham salas com divisórias, e tocar a rotina.

Mas... aquela rotina tinha agora outro "dono", Osmar Della Valentina! Era a rotina do novo presidente executivo do Grupo Gazin.

Ficar em casa? Nem pensar... Mário então "arrumou" uma sala no prédio em que está localizada a UniGazin, Universidade Corporativa Gazin, nos fundos do terreno da sede, onde havia uma mesa, que foi improvisada para ele, e um sofá, que o empresário levou de casa.

Os primeiros dias foram solitários, de silêncio... ele sabia que as reuniões eram realizadas normalmente, conforme agenda previamente estabelecida, mas Mário Gazin não participava! E deveria mesmo ser assim: na posição de fundador, e agora de Presidente do Conselho, as reuniões executivas deveriam acontecer dentro do programado e muitos dos assuntos seriam resolvidos sem a participação dele.

Com o passar do tempo, Mário Gazin, com a coordenação do assessor direto Diego Henrique Garcia Soriani, remontou sua agenda, incluindo reuniões, palestras pelo Brasil e viagens às unidades fabris e filiais, o que permitiu a ele conhecer outros aspectos da empresa e da rede de lojas que só são possíveis de se vivenciar *in loco*:

– Eu não me preocupo em ter que viajar porque sei que alguém está tomando conta de tudo na empresa! Aproveito, então, para estar no meio do meu povo, com o pessoal das fábricas, das lojas e os clientes, onde é possível medir a "temperatura" do setor de varejo. Fazer o que se ama... Esse é o caminho!

Antes de assumir, Osmar Della Valentina fez profunda análise da empresa e do mercado. A situação política e econômica do Brasil não se mostrava nada favorável. Osmar assumiu em primeiro de janeiro de 2014, ano de eleições presidenciais, mas ele já tinha definido as ações:

– O meu objetivo era o de deixar as empresas do Grupo Gazin mais "leves" e ainda mais organizadas.

PARTE 2
OS DESAFIOS DE VENCER A PRIMEIRA SUCESSÃO

O que estão fazendo com o meu dinheiro?

Os grandes empreendedores sabem como ninguém ler balanços e resultados, em especial porque estão com os números diários na mente.

Quando Mário deixou a presidência executiva e afastou-se do dia a dia da empresa, sem conhecer cada um dos "tijolos" ficou difícil de "enxergar" o "muro pronto"; ou seja, de olhar o resultado sem saber como cada passo para alcançá-lo foi dado!

Era preciso recorrer com frequência ao setor contábil, para que tudo pudesse ser esclarecido. Até que um dia ele olhou... olhou... olhou os números e se perguntou: "Onde está o meu dinheiro? Analiso os números e não consigo entender o resultado."

Sem fazer alarde, Mário avaliou que era preciso ter alguém ao seu lado que entendesse essa nova "linguagem" contábil. Ele resolveu a situação ao contratar um jovem e promissor profissional que se familiarizava com o tema: Diego Henrique Garcia Soriani! Era o elo entre Mário e os resultados da gestão de Osmar na Gazin!

Agora, sim, tudo passou a ficar claro! Diego fazia as "leituras" com clareza e explicava de forma didática o novo formato de apresentar, de entender e até de discutir os resultados!

Com o passar do tempo, Mário Gazin encontrou a melhor relação que se deve ter com o dinheiro:

– Para o empreendedor, o dinheiro não pode ser a finalidade do negócio. Ou seja, ter lojas para ganhar dinheiro, ter hospitais para ganhar dinheiro, ter uma fábrica de massas para ganhar dinheiro. O pensamento deve ser: é preciso ganhar dinheiro para inovar e poder contratar e qualificar pessoas, crescer, ampliar e investir em estrutura e tecnologia. E, com isso, ter uma boa rede de lojas, de hospitais, boas fábricas. Não se pode ser apaixonado por dinheiro!

A necessidade da empresa

Aumentar o dinamismo, reinventar processos e ter gestão mais participativa: esses são alguns dos motivos que levam as empresas a implementar suas sucessões. Quando Mário Gazin decidiu iniciar o processo, listou, além destes, outros pontos que o motivaram a dar os primeiros passos que o levaram ao objetivo de concluir a sucessão.

No novo formato, Osmar Della Valentina conversou com outros executivos ao assumir a presidência da empresa, deixando aberto o canal participativo, de comunicação e diálogo.

Em alguns modelos sucessórios, opta-se pela gestão por colegiado, cabendo ao presidente o poder da decisão e o voto de minerva. E o fundador do Grupo ainda comenta sobre a escolha do modelo:

– Muitas vezes, um bom sucessor é excelente em algumas áreas, mas pode não atuar bem ou dominar outras. Uma solução seria consolidar o processo sucessório, dividindo as áreas de atuação. Ou mesmo criar duas ou três vice-presidências, subordinadas e dando suporte ao presidente.

O modelo de sucessão deve ser definido pelo número e perfil dos funcionários da empresa. O certo é que, quanto mais colaboradores ela tenha, maior a chance de encontrar líderes capacitados aos cargos de alto comando. Como já dito, a Gazin está entre as melhores empresas para se trabalhar no Brasil e na América Latina, o que diminui a rotatividade (*turnover*) de funcionários, aumentando a retenção de talentos (*retaining talents*) na companhia.

Na quantidade é possível encontrar a qualidade, conforme explica Mário Gazin:

Osmar apresentando as estratégias da empresa na Convenção das Indústrias Gazin

– Supostamente, se uma empresa tem 1.000 funcionários, certamente haverá uma, duas, cinco pessoas preparadas para assumir a presidência num processo de sucessão. No caso da Gazin, temos mais de 8.300 funcionários, e isso torna ampla a possibilidade de encontrar gente capacitada para tão importante função. O futebol é um belo exemplo disso: o Brasil tem quase 210 milhões de habitantes, diversas escolas de futebol espalhadas pelo país, culminando numa forte cultura de formar bons craques, então, na hora de convocar e de montar a seleção brasileira, é possível escalar uns quatro, cinco times de alto nível com facilidade, tal o volume de pessoas e de investimentos envolvidos nessa área.

Entre as ações necessárias nas empresas está a de renovar o quadro de colaboradores. Mas não há como negar que a nova geração é conceitualmente bem preparada e, por ser mais imediatista, precisa estar associada aos mais experientes; ter gente com "sangue" novo traz dinamismo à empresa, mas é fundamental lapidar os talentos:

– É preciso mostrar aos mais jovens que a verdade está acima de tudo. Quem faz o que é certo anda de cabeça erguida. Meu conselho para a nova geração é: não deixar de agir com a ética e a verdade, pois um ato equivocado pode custar caro – explica Osmar Della Valentina.

Quanto ao fundador da Gazin, ele deixa clara a relação que o jovem irá travar com a empresa:

– Peço aos mais jovens para que tenham a mentalidade de fazer a Gazin durar. Trabalho é difícil em todo lugar. Quando a empresa paga um pouco mais, também cobra mais. Mas a cobrança é positiva, nos transforma. Cursei a faculdade de Administração de Empresas na condição de ouvinte e, entre tantos professores que me deram aulas, eu me lembro de três. Eram eles os que mais exigiam dos alunos e cobravam a entrega e a participação nas aulas e atividades. Portanto, dos professores que me fizeram estudar bastante eu lembro bem, já dos outros...

JEITO GAZIN DE FAZER NEGÓCIOS

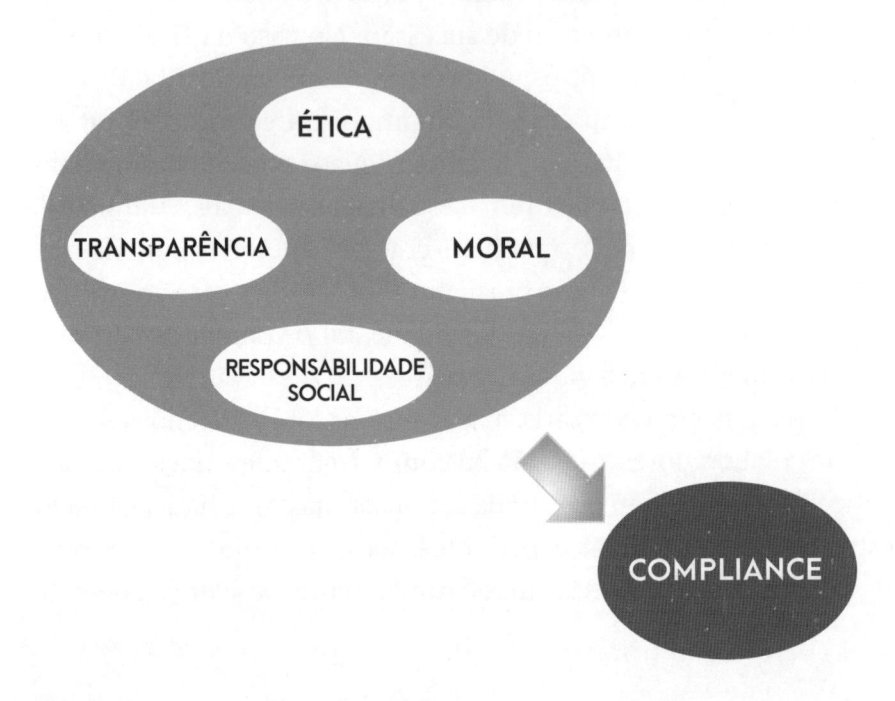

- ÉTICA
- TRANSPARÊNCIA
- MORAL
- RESPONSABILIDADE SOCIAL

→ COMPLIANCE

Resultado é o que manda!

> "Eu parei com 64 anos, mas, avaliando os resultados, confesso que eu deveria ter parado uns três anos antes. A empresa cresceu muito depois que eu saí..."

Doa a quem doer, a sinceridade é uma das fortes marcas da personalidade de Mário Gazin. Especialmente, em suas autoanálises!

Os resultados mostram e comprovam o modelo assertivo de sucessão adotado pela Gazin. Em 31 de dezembro de 2013, depois de 47 anos de gestão sob o comando de Mário, e quando ele passou a presidência executiva para Osmar Della Valentina, o Grupo tinha 232 lojas e faturava R$ 2.881.761.849,40 por ano, sendo R$ 1.361.655.961,37 no varejo, R$ 1.135.310.983,57 no atacado, R$ 281.504.102,06 na fábrica de colchões, R$ 102.290.803,00 em outros negócios. O lucro líquido registrou R$ 150.027.121, 81.

Em 31 de dezembro de 2018, mesmo o país tendo vivido anos de recessão econômica e conturbação política, o Grupo fechou a temporada com 307 lojas e faturamento de R$ 4.960.688.184,69, sendo R$ 2.799.099.508,94 no varejo, R$ 1.380.763.695,53 no atacado, R$ 432.016.013,12 na fábrica de colchões, e R$ 348.808.968,00 em outros negócios. O lucro líquido foi de R$ 285.077.899,03.

Dessa forma, os números mostram um desenvolvimento importante no faturamento depois que Mário Gazin promoveu a sucessão para Osmar Della Valentina, que se elevou entre 2013 e 2018 em quase 73%; mesmo a economia brasileira tendo vivido período de importante recessão, os números apresentados foram crescentes a cada temporada. O lucro líquido teve um crescimento ainda mais significativo, pois alcançou no mesmo período o percentual de elevação de 90,02%.

O fundador do grupo reconhece o acerto da mudança de gestão:

– Comigo na presidência, vamos dizer que, hipoteticamente, crescemos com segurança até onde a "mão alcançava". Daí por diante teríamos que nos "equilibrar" na ponta dos pés para "crescer" um pouco mais, o que não traz a mesma segurança de estar com os "pés no chão". Pois, antes de ter que "levantar os pés", passei a presidência executiva ao Osmar, que vem fazendo um trabalho de grande competência!

O importante para quem assume, conforme relata Osmar Della Valentina, é cumprir aquilo que foi planejado:

– O Mário Gazin fez uma excelente gestão enquanto esteve na presidência. Sem dúvida, assumir uma empresa onde tudo anda e funciona ajuda demais. Pela condição alcançada, uma empresa como a Gazin necessita de ajustes e não de "Salvador da Pátria". Tanto que, quando assumi, mesmo a empresa sendo capitalizada, uma das metas que apresentei foi a de baixar o endividamento da Gazin em 50% em quatro anos. No primeiro ano, no Demonstrativo de Resultados (DRE), reduzimos em 20% e no prazo determinado atingimos a meta programada! Tudo feito sem tomar atitudes extremas, preservando a estrutura e melhorando os processos e sistemas.

COMPARATIVO DE FATURAMENTO ENTRE 2013 E 2018

Faturamento por Negócio	2013	2018	% Crescimento
Faturamento Grupo Gazin	2.881.761.849,50	4.960.688.184,69	72,14%
Varejo Gazin	1.361.655.961,37	2.799.099.508,94	105,57%
Atacado Gazin	1.135.310.983,57	1.380.763.695,53	21,62%
Indústria Colchões Gazin	281.504.102,06	432.016.016,12	53,47%
Demais Negócios	103.290.803,00	348.808.968,00	237,70%
Lucro Grupo Gazin	150.027.121,81	285.077.899,03	90,02%

O "Jeito" de conquistar.
Prêmios e Reconhecimento

2° LUGAR – entre as empresas mais lembradas na categoria colchões

3° LUGAR – entre as empresas na categoria colchões e sofás

Entre as melhores empresas em Cidadania Corporativa

10° LUGAR – melhor empresa para se trabalhar na América Latina
7° LUGAR – melhor empresa para se trabalhar no Brasil
1° LUGAR – melhor empresa para se trabalhar no Paraná

Entre as melhores Práticas em Gestão de Pessoas

Entre os 10% e Marcas mais admiradas do Brasil

Entre os 145 maiores e melhores grupos empresariais do Brasil

Entre as melhores empresas Psicologicamente Saudáveis

Entre as melhores empresas com Indicador de Desenvolvimento Humano Organizacional

A segunda melhor empresa na Gestão de Pessoas na categoria entre 7001 até 10000 funcionários

A melhor empresa para trabalhar no Brasil

JEITO GAZIN

Felicidade gera Lucro.
Os selos comprovam...

Sofrer, mas aceitar

"Ganhei uma úlcera no estômago!"

Na base da "brincadeira", Mário Gazin conta como foram duros os primeiros meses ou mesmo os dois primeiros anos da gestão do sucessor Osmar Della Valentina. Foi um período de adaptação de ambas ou de todas as partes envolvidas no processo sucessório.

A partir da implantação da sucessão, o sucedido deve manter-se afastado do dia a dia da empresa e da função executiva, respeitando e dando liberdade de ação ao sucessor. Até o visual deve mudar:

– Assim que passei a presidência ao Osmar, eu parei de usar gravata, hábito que mantinha até então. Se me vissem de gravata, iriam dizer: "O seu Mário veio trabalhar". E também só ia ao escritório central em situações especiais. Fiquei quatro meses sem aparecer na fábrica de colchões. É preciso assumir a decisão tomada com atos e palavras.

E Mário Gazin segue nas confidências:

– Sou obrigado a confessar que eu tinha as minhas divergências com o Osmar! Claro, só eu posso fazer do meu jeito! E o Osmar estava lá justamente para fazer de uma forma diferente, do jeito dele! Ele teve muita habilidade, criatividade, inteligência, paciência e, em especial, capacidade para suportar os momentos de maior pressão. E, quando terminou o período de "tempestade", ele me disse certo dia: "Mário, você pode questionar minha metodologia de trabalho, mas estou dando lucro!" Ele estava certo! Era para isso mesmo que ele estava lá! Para tomar as medidas necessárias e dar lucro, e não para me agradar!

Naturalmente, os estilos de gestão com a mudança do comando sofrem modificações. Em alguns casos elas são bruscas e podem sofrer rejeições do quadro de executivos e colaboradores.

Mas esse não foi o caso da Gazin, conforme conta Osmar Della Valentina:

– O Mário comandou a empresa sempre tendo o lado emocional bastante forte, mas usando coerentemente a razão. Quando assumi, eu mantive, mesmo que em menor escala, ações pautadas pela emoção, pois elas tocam e movem as pessoas. A emoção pode ser uma ferramenta que canaliza para o resultado. O Mário tem também uma atuação social, de se relacionar com as pessoas, muito forte. Um exemplo são os jantares que ele prepara. Confesso que essa não é uma característica minha.

O momento da sucessão, conforme conta Mário Gazin, define o real sentimento que se precisa ter pela empresa:

– Você tem que amar e não se apaixonar pela empresa. A paixão é momentânea, mas o amor é eterno.

Estar convicto da escolha feita e da decisão tomada é determinante. Para isso, defina os pontos que o sucessor ideal deve preencher. Essa foi a regra seguida por Mário Gazin:

– Eu conheço o Osmar desde quando ele era gerente de um banco de Douradina, ou seja, quando eu ainda não o havia convidado para trabalhar conosco na Gazin. Avaliei o perfil profissional dele, que preenchia todos os requisitos que eu buscava: dominava as áreas de vendas, finanças, gestão, logística. É conciliador e, principalmente, sabia entender e ter ingerência sobre a família. Este era um ponto bastante difícil de ser preenchido. Havia quem também estava bem preparado para administrar os negócios, mas que talvez não tivesse presença marcante perante a família.

Para Mário Gazin, a empresa está em primeiro lugar:

– Afirmo que a sobrevivência da companhia está na forma como a família se relaciona entre si e como o gestor controla essas relações. Um Conselho de Administração independente também impõe regras à família e dá transparência às relações, servindo de mediador e buscando fazer prevalecer os interesses da empresa em detrimento das aspirações familiares.

Assim, Mário afirma que um olho está no presente e o outro no futuro:

– É muito importante que a gestão do Osmar continue a ser vencedora. Isso dá tranquilidade, a nós acionistas e também ao Osmar, para escolhermos com cautela quem o sucederá no amanhã. Sempre trabalhamos com tempo o tema da sucessão. É um choque ter que fazer uma sucessão repentina.

E Mário Gazin acredita que o processo de adaptação do sucessor de Osmar à presidência executiva será mais tranquilo:

– O próximo presidente terá um tempo ainda maior de preparação, porque já faz parte do nosso quadro e da empresa e conhece todos os sistemas e processos. Na verdade, mesmo que só assuma daqui a alguns anos, ele já está sendo preparado. O Osmar terá que passar para o futuro escolhido como cuidar e "administrar" a família, que estará ainda maior até lá!

PARTE 3
EMPRESA E COMUNIDADE

Empreender com responsabilidade social

Foi-se o tempo em que a discussão era: "Mudar a sede da Gazin de Douradina, no Paraná, para a cidade de São Paulo". Por volta de 1996, a possibilidade até chegou a ser cogitada e a busca por um terreno na capital paulista e adjacências foi iniciada. Mas a ideia não seguiu adiante!

A cidade de Douradina é a casa da Gazin, onde a empresa nasceu e se desenvolveu: "Teria que mudar uma comunidade que deu certo. Temos responsabilidades para com a população da cidade. Difícil era no passado, quando tivemos que fazer a tecnologia chegar até nós!", avalia Mário.

O DNA de cuidar de pessoas sempre esteve presente na essência da família Gazin e da empresa, que, como já mencionado, tem se posicionado há anos entre as melhores para se trabalhar no Brasil e na América Latina, figurando nos rankings do *Great Place to Work* e da Revista VOCÊ S/A.

Claro que o sucessor de Mário na Gazin também deveria ter essa característica. Osmar Della Valentina aprendeu a observar e a cuidar de pessoas, especialmente nos anos de convivência com Mário Gazin. Ele próprio viveu uma passagem importante ao lado do fundador da empresa, que cultiva a preocupação de qualificar os colaboradores:

– O Mário sempre olhou com atenção para as pessoas e cuidou delas. Desde que eu o conheci, ele sempre teve essa característica. Eu mesmo fui incentivado por ele a me qualificar desde o início. Quando eu passei a trabalhar na Gazin, em meados da década de 1990, ele me orientou para que prestasse vestibular e fizesse

Administração de Empresas. A conversa aconteceu em outubro de 1995 e em fevereiro de 1996 comecei a cursar a faculdade. Eu aceitei a proposta e o convite do Mário não apenas pelo projeto empresarial apresentado, mas, em especial, por poder trabalhar ao lado de um empreendedor e ser humano como ele. Eu idealizava construir não o maior, mas o melhor atacado do Brasil! Ali entendi que, ao ajudar pessoas que estão ao seu lado a se qualificarem e se sentirem felizes e realizadas, você transforma a vida delas e facilita também a sua, pois eleva o nível da sua equipe. O Mário ajudou a melhorar a vida de muita gente, de dentro e de fora da Gazin.

Osmar relata ainda como os rendimentos da Gazin são distribuídos:

– A empresa aplica o dinheiro arrecadado em prol de pessoas, da comunidade, do país. Nós mandamos uma parte para assistência social, como entidades de câncer, entre outras. Outra parte vai para pagar os impostos, os fornecedores, as operações bancárias, para investir no crescimento da empresa... e há também a parte destinada ao pagamento dos salários, que geram riqueza e permitem com que as pessoas melhorem de vida, comprem seus imóveis, formem seus filhos, viajem... Convivi muito com o Mário e procuro seguir e aprimorar o seu modelo de investimento, que é vencedor.

E Mário Gazin conta com a admiração da sua equipe pelo modelo de gestão, pelo modo de ser e pelo exemplo que dissemina. Mesmo sendo o fundador da empresa, ele nunca se "aproveitou" do dinheiro da companhia em benefício próprio:

– É importante que os acionistas entendam que a empresa não pode arcar com custos de despesas particulares. E se o acionista pratica isso, deixa o exemplo para ser compartilhado com os colaboradores. A empresa é independente da família. A empresa é soberana, não pode pagar despesas pessoais ou emprestar dinheiro para os sócios. Na Gazin também não fazemos permutas; vendemos e recebemos, compramos e pagamos aquilo que a companhia necessita. Empresa precisa de controle e de seguir as regras estabelecidas!

Campanha publicitária com Osmar Della Valentina e os sócios da Gazin

Quem presencia Mário Gazin em restaurantes ou lojas, sabe que, quando compra produtos de uso ou consumo pessoal e para a empresa simultaneamente, ele pede notas fiscais distintas:

– Se eu vou ao supermercado comprar alimentos para preparar um jantar na Gazin e preciso levar, por exemplo, frutas para a minha casa, eu passo no caixa primeiro os produtos da Gazin e pago, para depois fazer o mesmo com as minhas compras pessoais. As compras da Gazin são reembolsadas, mas as minhas não.

E Mário conclui:

– A empresa precisa ser rica e os acionistas devem ter um bom padrão de vida, para constituírem seus patrimônios. Mas não podem ter a força econômica da empresa, senão enfraquece e quebra. Conheci muitos empresários que destruíram suas companhias e negócios por quererem ser mais ricos do que eles. O sócio tem que estar de corpo presente no trabalho e zelar pela empresa, que precisa estar preparada e capitalizada.

Além das situações do cotidiano, muitos são os imprevistos para quem tem empresa. Claro, a Gazin atua em diferentes praças e sistemas tributários conflitantes. Por isso, nossa equipe de controladoria precisa estar muito atenta, para não cometer equívocos fiscais.

Mesmo estando entre as principais empresas para se trabalhar, a Gazin enfrenta alguns processos trabalhistas – em fevereiro de 2019 eram em torno de 120.

Mas são também exemplos de casos em que a empresa, muito rígida em cumprir o que determina a lei, precisa estar capitalizada, caso seja obrigada a pagar valores determinados pela justiça trabalhista. Mas o valor mais alto não é o da indenização, conforme conta Osmar:

– Como executivo, eu realizo o que é determinado e busco sempre evitar conflitos e logo encerrar as discussões, encontrando a melhor solução para a empresa e a outra parte envolvida. Mas o Mário fica sentido ao ver que um colaborador que sempre foi tratado com respeito, carinho e recebeu todo apoio, oportunidade e reconhecimento financeiro acionou a Gazin. Mesmo com esses acontecimentos, o Mário supera e continua a confiar e a acreditar nas pessoas. Carrego mais esse aprendizado que trago da convivência com ele. É por isso que crescemos bastante.

Pela constituição da empresa, os acionistas com cargos na Gazin podem ter dois carros cedidos pela companhia, com valor máximo definido, e que ficam em nome da Holding; os veículos podem ser trocados a cada quatro anos. Quando Mário passou a presidência executiva para Osmar, fixando-se na presidência do Conselho, ele e a esposa devolveram os carros que eram utilizados; Mário adquiriu, então, veículos com dinheiro próprio.

O direito de uso de carro da empresa que era de Mário foi transferido para o novo presidente, Osmar Della Valentina, que também abriu mão do benefício:

– Eu prefiro usar o carro que eu mesmo comprei para dar o exemplo. Imagine só se eu deixo um carro da empresa na porta de casa e minha filha pede para usar... E se algum dos sócios vê, como fica minha situação? Por isso, não misturo as situações! Prefiro abrir mão do benefício, mas ter liberdade de ação!

Gente cuidando de gente

"Há alguns anos eu lutei muito para que a Gazin entrasse no roll das melhores empresas para se trabalhar no Brasil e não conseguia. Até que certo dia recebemos a visita de um alto executivo da Consul, que conheceu a empresa em detalhes e perguntou: 'Por que vocês não estão na lista?' Pois ele nos indicou, começamos a participar e logo estávamos entre as primeiras."

O olhar cuidadoso de Mário Gazin para as pessoas nasceu com ele e se consolidou com a criação da empresa. Para Mário, o maior patrimônio da Gazin é composto pelas pessoas que ajudam a solidificá-la e a desenvolvê-la:

– A marca é uma construção. A Gazin surgiu já focada em pessoas. Cada um dos nossos colaboradores cria a sua marca, que é "vendida" à Gazin em "prestações". Todos agregam valor. O maior foco está nas pessoas que trabalham na empresa, que são os verdadeiros criadores da marca.

Mário ainda defende que as áreas de atuação estejam ligadas diretamente à empresa:

– Terceirizar muitas vezes baixa o custo, mas descaracteriza a marca; acredito que, quanto menor o número de contratos de prestação de serviços com terceiros e agregados, mais valor a empresa tem. São as pessoas que atuam nela que determinam esse valor. Pessoas comprometidas e com ética elevam o valor, mas o contrário também vale. É um alto valor conceitual e que se materializa. Este é um "exercício" a ser praticado diariamente! A Gazin tem mais de 50 anos, mas não envelhece. A empresa nasce todos os dias à meia-noite. A gente "troca fralda e dá mamadeira" diariamente... isso representa carinho, respeito, inovação, comprometimento, confiança... Dar condições para que a empresa seja sustentável e durável!

A mentalidade do fundador da Gazin é seguida pelo sucessor:

– A Gazin é transparente, e isso transmite forte valor aos colaboradores. Busquei reforçar a disciplina de se executar aquilo que se planejou. Tem que fazer a empresa rodar da forma mais simples possível! Um bom exemplo foi a simplificação implantada nos contratos de compra e parcelamento dos clientes nas lojas; reduzimos a papelada e a burocracia.

A inclusão dos colaboradores é determinante na Gazin, conforme conta Osmar:

– Nossos funcionários são os primeiros e não os últimos a saberem dos passos e rumos da empresa. Espalhamos nossas metas e objetivos impressos pela empresa toda. E o Mário há muitos anos implantou a confecção de roupas íntimas e outras peças com as metas da Gazin estampadas, para que os colaboradores literalmente "vistam" essa busca por metas e resultados.

Desde que assumiu a presidência, Osmar tem idealizado implantar ou reforçar três pontos em especial:

– Eu busco associar à Gazin três marcas fortes: a primeira é disciplinar o fazer, a segunda é simplificar processos, porque assim todos entendem o que é preciso fazer, e a última é agir de forma a dar o exemplo positivo e ético para o próximo.

E Osmar explica o que o levou a buscar esses conceitos:

– Certa vez me disseram: "Se tiver de escolher entre duas palavras, escolha a mais simples". Aí perguntei: "E se ambas forem simples?" A resposta foi: "Escolha a mais curta!" Dar o exemplo é muito importante, pois nada me dá o direito de cobrar aquilo que eu não faço. Em relação aos valores da Gazin, são pautados pela transparência: fazemos diariamente no escritório oração pela manhã, cantamos o hino nacional, homenageamos os aniversariantes... Até quando eu for presidente, esses valores que surgiram na Gazin com o Mário não acabam!

São justamente os valores da empresa que pautam as relações comerciais e medem o grau de comprometimento dos colaboradores, sempre contratados dentro de um perfil que se assemelha àquilo que a empresa acredita, prega e pratica. Por isso a Gazin tem por cultura compartilhar suas informações, metas e objetivos e, principalmente, os seus valores.

Metas espalhadas pela empresa e estampadas em peças de roupas

Dentro do tema *Valores*, a pesquisa publicada (2018) pela PricewaterhouseCoopers, a PwC, uma das principais empresas mundiais de auditoria, consultoria e outros serviços acessórios, abordando empresas familiares, apresenta *Cinco pontos para obter valor dos seus valores*, sob avaliação do executivo Peter Englisch, líder global e EMEA – Empresas Familiares – da PwC da Alemanha:

1 – Seja específico sobre seus valores: formule-os, escreva-os e aja com base neles. Faça isso com o envolvimento total dos membros da família. Isso fortalecerá não só a coesão familiar, mas ajudará na tomada de decisões que sejam melhores para a empresa e os negócios da família;

2 – Comunique os seus valores internamente e externamente para demonstrar a vantagem da sua empresa familiar. Muitas empresas familiares têm seus valores, mas nem sempre os expõem claramente. Só é possível obter valor dos seus valores se eles forem comunicados;

3 – Desenvolva princípios de negócios e um código de conduta que coloque seus valores em prática. Isso ajuda a fundamentar confiança e credibilidade interna e externamente, e abre portas para novos parceiros de negócios;

4 – Coloque os valores em primeiro plano em seus esforços de recrutamento e incorpore-os ao seu ambiente de trabalho para atrair os melhores talentos. Exibir os seus valores é uma boa maneira para atrair e reter talentos para o seu negócio;

5 – Concentre-se na criação do valor ao longo de toda a cadeia de valor, assegurando, por exemplo, que o trabalho respeite padrões éticos compartilhados. Seus valores têm um impacto que se reforça mutuamente e que vai além da sua própria empresa.

Conceitos da empresa: Filosofia Gazin

Seguir fielmente sua filosofia. Esse é o segredo do sucesso do Grupo Gazin há mais de 50 anos. Princípios morais e éticos sólidos são repassados, diariamente, a todos no grupo, fortalecendo vínculos e criando uma verdadeira sinergia positiva.

GAZIN 50 anos
Principais Atuações 2019

1. Manter a taxa de turnover abaixo de 20% ao ano
2. Redução de ativos
3. Nível de endividamento de longo prazo – buscar 50%
4. Nível de endividamento com terceiros, menor que 60%
5. Qualidade e agilidade na entrega dos produtos e serviços
6. Investir 1% do faturamento
7. Zelar pela saúde dos funcionários (financeira, física e emocional)
8. Maximizar resultados com a integração das áreas
9. Humildade e senso de urgência na solução dos problemas

PARTE 4
QUALIFICAR SEMPRE

Preparar a sucessão

Antes mesmo de Osmar Della Valentina ser definido como sucessor de Mário na presidência executiva da Gazin, alguns cursos e treinamentos foram realizados com os possíveis nomes que poderiam assumir o posto. Foram dois anos de aulas e preparação aos selecionados.

O objetivo era abrir a mente para o desafio que um deles iria assumir. No caso, o escolhido foi Osmar Della Valentina, que passou a avaliar a promoção sob outro aspecto:

– Entre os cursos que fizemos e processos a que nos submetemos, aprendi com o consultor Renato Bernhoeft, um dos principais especialistas em empresas familiares e sucessão do país, que o executivo deve trabalhar o seu ego e não aparecer mais do que a empresa. A "estrela" tem que ser a companhia. Nós somos passageiros, mas a empresa fica! As pessoas pensam no poder, no ego. A família não é composta só pelos acionistas, mas por cônjuges, filhos, noras e genros, netos... e que são os futuros herdeiros. Muitos deles não se preocupam com o que podem fazer pela empresa, mas com o contrário.

Quando a presidência executiva é exercida por alguém de fora da família, cabe ao executivo conhecer a fundo os acionistas e a história deles na companhia, e criar uma linha de contato direto com cada um. O discurso é um só para todos, mas a didática de explicar pode ser diferente. Assim acontece na Gazin, quando Osmar Della Valentina se reúne com Mário, Rubens, Jair e Antonio Gazin, ou mesmo com João José da Silva, cunhado dos irmãos e igualmente acionista da empresa, que foi casado com Maria Aparecida Gazin, a Cidinha.

Ao perceber que o executivo sabe "administrar" os membros da família, tal postura traz a segurança de que ele também conseguirá administrar bem a empresa.

O presidente Osmar durante palestra no Treinamento Gerencial da Gazin

E, certamente, essa segurança se espalha entre os colaboradores, pois a maioria passa também a dar a ele o voto de confiança. Os profissionais se motivam mais a buscar resultados.

Antes de assumir a presidência da Gazin, Osmar Della Valentina viveu a experiência de criar, administrar e expandir o atacado. Mas ele entende que, apesar dos excelentes resultados, os erros cometidos por ele como gerente do atacado não se repetiram até aqui na presidência executiva:

– No atacado eu segui os passos do modelo de gestão do Mário, mas percebi que poderia mudar isso. Por ser muito intenso, o Mário fazia algumas ações que poderiam ser realizadas por outros colaboradores, como, por exemplo, fazer uma palestra motivacional, cobrar uma dívida ou resultado no final do mês... Na presidência executiva, busquei, em vez de assumir essas responsabilidades, empoderar mais as pessoas da equipe e deixar que agissem e se tornassem líderes participativos. Quem ganha com isso é a Gazin, que cria, desenvolve e renova seu time de líderes para o futuro.

Mário Gazin durante palestra para colaboradores da empresa

Realmente, a missão de um líder é a de preparar novos líderes, pois, mais cedo ou mais tarde, a oportunidade de crescimento na carreira vai chegar, conforme relata o presidente executivo:

– Eu preciso preparar o meu sucessor e deixar uma excelente empresa para ele tocar. Em 2008, ninguém acreditava que o Mário fosse se aposentar. Por mais que me preparasse, eu mesmo não acreditava nisso. Em 2011 ele me ligou e disse: "Está pronto para assumir?" O que aconteceu comigo, pode acontecer com qualquer profissional de destaque do nosso time!

Osmar também já se prepara para, no futuro, saber como lidar com uma situação da qual vez ou outra ele chegou a ser "vítima":

– Em algumas oportunidades eu tomei uma decisão e o pessoal tentou revertê-la diretamente com o Mário. Ele me ajudou bastante com isso e se manteve firme, sustentando a minha decisão. Talvez lá na frente, quando assumir o Conselho, eu também venha a me deparar com isso.

Sangue novo com experiência

Quem assume o posto de presidente executivo de uma empresa traz a mente renovada, um estilo novo, diferente. Mas é importante, como aconteceu na Gazin, que a experiência do antecessor e fundador da empresa seja aproveitada.

Uma das primeiras missões de Osmar Della Valentina foi a de colocar em prática algo que já estava definido: a Governança Corporativa:

– Quando eu assumi, em 2014, já se falava e até de alguma forma se aplicavam na empresa tópicos da Governança Corporativa. Mas era preciso incluir a empresa no processo. Depois de alguns anos na presidência executiva da Gazin, posso dizer que a empresa tem um padrão de processo. As tarefas são definidas e executadas naturalmente, quase que sem a necessidade de se fazer cobrança; cada qual responde com eficiência pela própria atividade e carreira.

A experiência de Mário e a liderança que ele ainda exerce sobre os colaboradores e acionistas da Gazin são bem aproveitadas por Osmar:

– Quando eu acredito que terei dificuldade para corrigir ou executar algo na empresa, eu falo com o Mário e peço a ele para que o Conselho se reúna. Afinal, eles são os donos! Nas reuniões, explico o caso e mostro aos acionistas a minha opinião, mas a decisão é deles e vence a maioria. Um bom exemplo é a definição do próximo presidente executivo que irá me substituir. Chegamos a definir quatro ou cinco nomes, e um deles será o escolhido.

Como diz Mário Gazin: "É preciso vestir as metas da empresa"

    Dentro desse modelo adotado pela Gazin, Osmar Della Valentina, sucessor do fundador Mário Gazin, já está em atuação desde janeiro de 2014 e deve se manter no posto até 2025, quando completará 65 anos e deverá assumir a presidência do Conselho de Administração do Grupo, e mais adiante acontecerá a escolha do sucessor de Osmar, entre 2020 ou 2021. Alguns executivos já foram selecionados e terão seus desempenhos avaliados até a definição, quando o escolhido caminhará simultaneamente com Osmar.

    Podemos dizer, então, que a Gazin tem praticamente de 20 a 22 anos de gestão futura garantida. Esse é um processo que deverá ser repetido periodicamente. Ou seja, quando Osmar passar a presidir o Conselho e entregar a presidência executiva, terá início um novo sistema seletivo que buscará o perfil ideal do sucessor de Osmar Della Valentina.

Isso traz segurança e valoriza a empresa, pois comprova que a Gazin tem uma linha de comando definida, onde os sucessores conseguem atuar e ter ao lado gerações de outros gestores do alto comando da empresa.

Mesmo já pensando num distante amanhã, Mário Gazin sabe que precisa respeitar as individualidades daquele que ocupa o cargo que foi dele por décadas:

– O sucessor não pode ter o mesmo sonho do fundador. O fundador monta a empresa para criar e cuidar de uma família; quando montamos a Gazin, pensávamos em ter cinco lojas, para que cada um dos cinco irmãos cuidasse de uma delas. Já o sucessor tem que fazer a gestão e zelar pela continuidade da empresa, e administrar a família. Quanto aos meus filhos e os dos meus irmãos, não atuam na empresa. No futuro, pode ser que algum neto demonstre capacidade e aptidão, mas terá que entrar na empresa e desenvolver carreira por meritocracia.

GOVERNANÇA CORPORATIVA

Ganhar ou deixar de perder

"Quando o Mário saiu, tínhamos um faturamento de pouco mais de R$ 2,8 bilhões. Em cinco anos atingimos quase R$ 5 bilhões. Agora prospectamos dobrar o faturamento daqui a cinco anos!"

Parte da declaração de Osmar Della Valentina já é uma realidade. A outra parte fica como meta para 2023!

Efetivamente, o desempenho da gestão do presidente-executivo do grupo de empresas da Gazin é medido pelo Conselho de Administração da companhia. Aumentar o faturamento é um excelente indício de que o caminho está sendo percorrido no sentido ideal. Mas o fator determinante é o lucro líquido apresentado ao final de cada temporada. Em determinadas situações pode haver até um decréscimo do faturamento, mas com maior lucro líquido.

– Na minha gestão conseguimos melhorar o resultado do lucro líquido que, em 2013, estava em torno de R$ 150 milhões e representava 5,2% do faturamento, passando, em 2018, para aproximadamente R$ 285 milhões, expressando 5,75% do faturamento. Assim, os acionistas ficam satisfeitos e eu e minha equipe temos mais tranquilidade para trabalhar – conta Osmar Della Valentina.

A Gazin tem conseguido conciliar ambas as situações, ou seja, ampliar o faturamento e o lucro líquido. Com isso, não só a gestão de Osmar está sendo bem avaliada pelo Conselho, como cada vez mais se clarifica o perfil ideal do sucessor dele; isso dá indícios de que o próximo ciclo sucessório será ainda mais tranquilo.

O segredo para isso Osmar Della Valentina descobriu com o tempo:

– Eu trabalho e estou conectado 24 horas diárias para entregar o resultado. Antes do retorno financeiro vem o comprometimento com a empresa. Temos e criamos objetivos e metas, e eu busco com a equipe sempre superá-las. Os conselheiros recebem um resultado acima do que planejam e isso cria entre nós uma relação sadia e com cobranças naturais, mas sem grandes conflitos.

Outro ponto importante: as decisões extremas de Osmar são submetidas, compartilhadas e aprovadas pelo Conselho. A ele e sua equipe ficam o mérito da ideia e projeto, mas as decisões, acertadas ou por vezes equivocadas, contam com o aval e aprovação do Conselho. O próprio Mário Gazin "aprendeu" como utilizar o Conselho, do qual é membro, em seu benefício:

– Muitas vezes eu me utilizei do Conselho para colocar uma ideia ou ação, porque desta forma eu não me exponho sozinho. Hoje tudo que queremos fazer ou comprar passa pelo Conselho. Temos, assim, uma segurança maior em não errar.

É preciso também ter frieza ao analisar o tipo de resultado ideal. Quando o sucessor assume uma empresa deficitária, diminuir os prejuízos pode ser um resultado a ser comemorado até que se chegue a dar lucro. Como exemplo, certa vez foi contratado um profissional de Tecnologia da Informação (TI) para atuar no site da Gazin, que apresentava operações deficitárias. Ao ser questionado sobre que tipo de resultado ele iria apresentar, o profissional foi sincero e claro:

– Pelo momento atual, eu não cheguei aqui para dar lucro com o site, mas para "estancar o sangue", ou seja, diminuir os prejuízos.

Seguindo o mesmo raciocínio, se quem sai do comando entrega uma empresa "fora dos trilhos", o sucessor tem por exigência colocá-la novamente no "eixo".

Em contrapartida, se o sucessor recebe uma empresa lucrativa, conforme Osmar Della Valentina assumiu das mãos de Mário Gazin, a missão é aumentar o faturamento e melhorar o resultado positivo.

O próprio Osmar analisa o tempo de maturação ideal de um sucessor que assume a empresa:

– Acredito que um gestor precise de pelo menos três anos para mostrar seu trabalho. Nos três primeiros anos, ainda havia ações implantadas pelo Mário e que foram se difundindo ou sendo recicladas dento de outras iniciativas da minha gestão. Após esse período eu já estava colocando em prática as minhas ideias. Uns dois anos antes de eu assumir o Mário já falava nas palestras para os funcionários que eles deveriam me ajudar, porque eu iria cuidar de todos no futuro. Ele já preparava o terreno e contar com o apoio irrestrito do Mário foi determinante, fundamental!

Mário vibra com aquilo que a gestão de Osmar tem apresentado:

– Na primeira vez em que conseguimos dobrar o nosso patrimônio, levamos quinze anos para alcançar esse resultado. Em seguida, foram mais doze anos para dobrar novamente. Aí o ciclo caiu para dez anos e depois para provavelmente de seis a sete anos. Acredito que reduziremos ainda mais o tempo para dobrarmos o faturamento, que deverá ser de quatro anos ou menos.

O objetivo do desenvolvimento empresarial está traçado. A empresa precisa se fortalecer, durar e crescer ainda mais, para continuar a realizar os sonhos e as necessidades dos milhões de clientes espalhados pelo Brasil, para fazer a economia do país girar, para empregar cada vez mais pessoas e abrir as portas das empresas do Grupo para que filhos de colaboradores tenham espaço para trabalhar, se capacitar e desenvolver suas aptidões.

O que vem por trás do "Sim"

A vida é feita de escolhas. E, a cada escolha que fazemos, temos ganhos e perdas que, para empresários e executivos, em geral afetam a vida pessoal e familiar.

Assim que foi convidado por Mário Gazin para assumir a presidência executiva do Grupo, Osmar Della Valentina conversou com a família:

– Eu contei para a minha esposa e as minhas filhas que havia recebido o convite do Mário e dos outros acionistas e que, se eu assumisse a presidência e me saísse bem, teria condições de dar uma vida ainda mais confortável a elas, mas também que em família as coisas mudariam um pouco.

E exemplificou na conversa:

– Se tiver um compromisso familiar no almoço e aparecer outro de surpresa ou urgência na Gazin, eu irei optar pelo da empresa, porque ali existem muitas famílias que dependem da companhia, inclusive a nossa! Os membros da família precisam se conscientizar de que o privilégio que eles estão usufruindo, e que no caso é fruto do meu trabalho, é o mesmo que milhares de funcionários da Gazin e seus respectivos entes também possuem e usufruem. Ao assumir a presidência, eu preciso entender, aceitar e adotar esse tipo de atitude! E, se a família também entende e aceita, facilita e ajuda demais.

O apoio familiar é determinante para que o esteio da família consiga desempenhar a profissão com equilíbrio, conforme explica Osmar:

– A minha família me transmite tranquilidade para trabalhar até mesmo quando temos situações difíceis, como casos de abalo de saúde. Esse apoio é decisivo e me permite focar no trabalho.

Esse é o grande conflito interno que vivem aqueles que priorizam a vida profissional, a empresa e a carreira, em detrimento da vida pessoal.

Difícil avaliar e muito menos julgar se a escolha é acertada ou equivocada! Só resta aceitá-la e respeitá-la!

O próprio Mário Gazin viveu situação similar ou bem mais intensa. A vida dele foi dedicada à empresa: começar a trabalhar cedo e ficar até tarde, além das viagens, eventos e participação em cursos, palestras e reuniões. Como marca registrada de Mário Gazin, quase que diariamente ele faz questão de preparar e de servir a "Janta do seu Mário", que são jantares que acontecem na Associação dos Funcionários da Gazin (Afungaz) ou numa cozinha montada na sede da matriz, preparada especialmente para o empresário e anfitrião:

– Para ser presidente ou líder, você tem que aprender a renunciar a muitas situações. Eu não me arrependo das escolhas que fiz! Vou contar uma passagem agradável e divertida que vivi com minhas duas netas. Fui com elas assistir ao filme *Antes de partir*, do diretor Rob Reiner e estrelado por Morgan Freeman e Jack Nicholson. O filme narra a sensível história de dois pacientes terminais com câncer e internados num mesmo quarto hospitalar. Eles então decidem realizar uma porção de coisas antes de morrer, preparam uma lista dessas atividades e fogem do hospital em busca de aventura. No final do filme, minha neta mais velha me disse: "Vou ser dentista, mas vou virar empresária". Perguntei então qual o motivo, e ela respondeu: "Porque no filme vi que o empresário ganha dinheiro sem esforço..." Perceba a leitura equivocada que ela fez da situação. Expliquei para ela que não era nada disso e que para ser empresário é preciso aceitar e aprender a fazer renúncias na vida. E, inclusive, começar a empreender cedo, aos 13 anos!

Osmar exemplifica:

– Eu parei de consumir bebida alcoólica no dia 1 de outubro de 2013, pois assumi a presidência da Gazin em 2 de janeiro de 2014. Nunca bebi muito, mas o álcool reduz nossa capacidade de raciocínio, disposição física, memória... Enquanto eu estiver na presidência, não colocarei nem uma gota de álcool na boca.

Descentralizar é a missão

"Eu já não tenho como controlar tudo de uma empresa com mais de 8.300 empregados. Para que tudo funcione bem, eu preciso descentralizar cada vez mais e permitir que as ações aconteçam com agilidade."

A declaração é de Osmar Della Valentina. É natural que, enquanto a empresa esteja sob o comando do fundador, o poder de decisão seja mais centralizado, mas, à medida que a empresa se desenvolve e cresce, centralizar pode tornar as decisões da empresa lentas, o que atrapalha o bom desenvolvimento da dinâmica:

– Alguns processos andam melhor se você não interferir. Tanto o fundador quanto o sucessor precisam estar atentos a isso. Mas na Gazin o trabalho foi continuado e teve ganhos e melhorias nos setores e na organização dos processos – afirma Mário Gazin.

Quando Osmar deixou o comando da Gazin Atacado, para assumir a presidência executiva, muitos colaboradores diziam, pelo histórico, que "ele estaria com uma cadeira cativa no atacado e outra na presidência". Isso não aconteceu!

Mesmo depois de comandar o atacado por quase 20 anos, Osmar se dividiu entre a gestão do varejo, das indústrias de móveis e de colchões, da área de prestação de serviços e do próprio atacado. E respeitou e definiu os líderes de cada setor, que estavam sob seu comando:

– O sucessor tem gestão mais participativa e é generalista, pois se baseia naquilo que acontece no mercado para pautar e decidir sobre as diversas situações. Eu fiquei três anos me preparando, para deixar de ser especialista e passar a ser generalista.

Ah, se eu estivesse lá...

O que acontece quando o presidente executivo Osmar Della Valentina toma alguma atitude que o antecessor dele e fundador da Gazin, Mário, não tomaria?

A resposta é... nada! Osmar foi contratado exatamente para colocar em prática aquilo que aprendeu em sua trajetória e também pelo excelente desempenho desde que iniciou na Gazin, em 1996!

Certamente, há muita conexão naquilo que Mário e Osmar acreditam e praticam; o executivo assumiu a presidência justamente para dar continuidade e melhorar ainda mais o que já funcionava bem, inovar em algumas áreas e provocar choque de gestão em outras:

– Eu fico seguro das minhas ações e acredito que o Mário e os outros acionistas que compõem o Conselho também. Mas, se eu tiver uma ideia ou tomar uma atitude, e for convencido de que há um caminho melhor para a Gazin, não reluto em retroceder. Não deixo meu ego prejudicar o negócio nem tenho medo de receber críticas. Busco sempre ter bons argumentos.

Para Osmar, convicção é fundamental, mas sempre há uma margem de erro:

– Eu tomo decisões ciente daquilo que faço, pronto para as devidas explicações e confiante no acerto. Podemos até não ter êxito, mas não será por descaso. Aliás, o importante em tudo que fazemos é acertar muito mais do que errar, mas erros fazem parte do processo. Certa vez apostei numa iniciativa que fracassou. Eu

O presidente Osmar une esperança com humildade

refleti, reconheci o equívoco perante a minha equipe e voltei atrás na decisão. Assumir um erro humaniza a relação.

A gestão de Osmar conta com a aprovação de Mário Gazin. O fundador da empresa conscientizou-se de que seu tempo como presidente executivo já passou:

– Eu não sou saudosista. Eu torço para que o Osmar faça o melhor dos trabalhos no comando da empresa. A Gazin, eu e os outros acionistas, nossos colaboradores, nossos fornecedores... o mercado precisa disso e torce por nós! Saber que a Gazin vai bem me traz alegria e a certeza de que toda a minha dedicação pela empresa valeu a pena. É gratificante saber que temos na Gazin duas gerações trabalhando juntas, mesmo o sucessor não sendo da família.

Mário sabe muito bem que erros de gestão podem acontecer. Quando estava no comando, ele também teve seus dissabores:

– Gestão boa traz resultados favoráveis. Claro que erros acontecem, mas o importante é agir rápido, consertar a situação. Ninguém quer trabalhar com quem está perdendo. Como fundador da empresa, eu podia errar que a cobrança era bem menor do que será com algum erro de gestão do Osmar, que será questionado por isso. É muito importante as pessoas saberem aonde você quer chegar. Ninguém vence no mundo dos negócios sozinho!

Às vezes, em função da situação econômica complicada, como a que o Brasil tem vivido desde 2013, bater metas se torna mais difícil. A própria Gazin teve dificuldades em alcançar as projeções em 2015; ao final do ano, os números apresentados estavam um pouco acima em relação à temporada anterior, de 2014.

O Brasil realmente é marcado por mudanças constantes na economia, que ora aquece, ora desaquece e ora pega fogo! Mário é otimista e aposta no país:

– O Brasil é uma benção e, além de ser grande demais, é poderoso. Cabe uma Europa inteira dentro do Brasil. Nós temos petróleo, cimento, minério, terra para plantar, boas indústrias, comércio forte... E ainda temos muito que crescer com as aprovações das reformas previstas, como a da previdência e a fiscal. Há uns 15 anos eu pensava em abrir uma loja no Paraguai. Hoje desisti, porque o Brasil tem muito espaço para permitir que a nossa empresa cresça e se desenvolva.

O otimismo de Mário "contagia" Osmar, mas, como veio da área financeira, ele é mais cético e busca se munir de informações sobre o mercado:

– Procuro constantemente conversar com executivos dos grandes bancos e empresas, como da sueca Electrolux, da coreana LG, da *joint venture* brasileira e chinesa Semp TCL, entre outras, para saber o que eles pensam do Brasil. Assim eu tenho subsídios para saber deles sobre as tendências mercadológicas e tomar decisões. Certamente, eles anteveem situações e reviravoltas econômicas e dos diferentes setores. Uma das minhas mudanças na Gazin foi trazer a mentalidade de endividamento a longo prazo. O Mário inicialmente foi reticente, mas depois aceitou e passamos a operar com financiamentos em cinco anos.

Mesmo tendo vivido uma das mais intensas crises da história do país, e que Mário avalia como "Uma crise diferente, uma crise de confiança", sob a gestão de Osmar a empresa bateu seus recordes:

– Em 2013 já sentíamos o "cheiro" da crise. Mesmo assim, tivemos bom lucro líquido nos anos subsequentes: nos dois primeiros anos, em 2014 e 2015, mantivemos a casa dos R$ 182 milhões; no ano de 2016 reduzimos um pouco, para R$ 169 milhões; em 2017 tivemos significativo aumento, para quase R$ 227 milhões; e em 2018 chegamos à importante casa dos R$ 285 milhões.

Alcançar tal resultado exigiu bastante esforço:

– Nós passamos muito bem pela crise, mas trabalhamos bastante e foi uma boa preparação e experiência. Corremos alguns riscos, pois fomos na contramão do mercado e decidimos não cortar crédito dos clientes.

Efetivamente, o sucessor precisa de tempo para desenvolver seus talentos e triunfos; e de resultados positivos que elevem sua autoconfiança, a confiança de quem foi sucedido e de todo o quadro acionário. São os acertos que minimizam alguns erros que podem surgir no desenrolar da gestão do sucessor.

Aprender com a história alheia

Um aprendizado que Mário Gazin teve com a experiência de ter aceitado participar como Conselheiro de muitas empresas foi a de conhecer suas histórias de perto. Muitas delas haviam passado ou viviam processo sucessório.

E, por ter conhecido a fundo outras culturas empresariais, a grande certeza que Mário Gazin tinha era a de que ele e os irmãos acertaram ao escolher como sucessor um executivo que já estava na "casa" há 18 anos e totalmente integrado à empresa e ao quadro de colaboradores.

Como já dito, e apesar dos riscos e de toda a confiança no sucesso do procedimento, havia o temor pela Gazin viver o primeiro processo de sucessão. Pode-se dizer que eram sentimentos que estavam em ambas as partes, tanto nos acionistas quanto em Osmar Della Valentina:

– Misturam-se o medo, a confiança e a insegurança. Mas eu me sentia muito bem preparado e pronto para o desafio. Eu tinha que ter equilíbrio no modo de reagir numa ocasião inoportuna, mas, quando se iniciou a transição, foram poucos os conflitos que tive com membros do Conselho. Em um deles, o Mário fez uma grande explanação inflamada e, ao final da conversa que tivemos, eu disse para ele que se fizéssemos uma cisão naquele momento, todos nós, que lutamos pela Gazin, iríamos perder muito. Pensamos da mesma forma em muitos pontos, mas temos estilos distintos: o Mário é emocional, grita, bate na mesa e depois fica tudo bem; eu sou diferente, chamo e converso com a pessoa.

Da mesma forma que Mário Gazin aprendeu no contato com membros do Conselho de outras empresas, Osmar procurou conversar com mais de 12 executivos e empresários, para saber a forma ideal de agir como sucessor. De praticamente todos eles Osmar ouviu: "A vida de um presidente de empresa é bastante solitária" e também "Você terá que aprender a lidar com o ego das pessoas, sabendo antes de tudo lidar com o seu próprio ego, tendo humildade ao assumir o cargo".

Ambos os aconselhamentos foram providenciais. Houve um afastamento natural dos subordinados, algo que Mário Gazin também havia vivido, embora em outra escala. Osmar, que participava de muitos encontros de lazer com outros amigos e colaboradores, ao assumir a presidência, precisou se afastar dos encontros do futebol e muitas vezes dos aniversários e festas durante a semana, basicamente em função de não haver mais tempo para certos momentos de lazer. Nem mesmo os concorridos jantares preparados por Mário na Gazin ele consegue prestigiar:

– O que tem hoje é uma maior responsabilidade, e isso pode atrapalhar a qualidade do relacionamento. O Mário muitas vezes me chama para almoçar e conversarmos, mas eu não consigo ir, por causa de compromissos.

E Osmar conta também que há um afastamento natural:

– Quando assumi a presidência, senti que isso mudou a forma de me relacionar com algumas pessoas, entre elas, colaboradores. Eu procurei manter o hábito do Mário de cozinhar, conversar e servir a refeição para grupos pequenos de 30 pessoas. Mas senti que alguns se afastaram, por receio de estarem sendo avaliados, tanto que nem conversam mais sobre os mesmos temas de antes. Fica um diálogo mais duro, objetivo, mesmo em momentos de descontração.

Mário Gazin também conta sobre a transformação que sentiu depois de passar a presidência executiva:

– Hoje eu sei de problemas e assuntos que antes não chegavam até mim; provavelmente, isso também acontece com o Osmar, pois muitos não se sentem confortáveis em falar com ele. Quando entendo que é um tema importante, levo até ele, mas, se for "perfumaria", deixo para lá. O gestor precisa mesmo estar em cima de tudo. Às vezes, eu tinha viagens mais longas, como a de quase um mês que fiz para a China, e quando retornava, parecia que estava num outro mundo, numa outra empresa.

Sensações distintas

Quem sai e deixa o comando tem lá suas razões, questões e sentimentos; com quem entra e assume não é diferente, e tem igualmente suas razões, questões e sentimentos que, geralmente, se contrapõem aos do antecessor.

Mário Gazin deixa aqui sua mensagem aos que ainda passarão pelo momento da sucessão de uma empresa familiar:

– Não saia tarde demais da presidência, entregue o comando enquanto você ainda tem vitalidade e força para acompanhar tudo de perto. Saia do comando de cabeça fria, erguida e consciente, com expectativa de vida. Muitas vezes quem está no comando demora muito para passar o bastão e, por isso, não tem tempo de fazer uma sucessão da forma como gostaria, com tranquilidade e preparo do sucessor.

Para quem entra com condições ideais de tocar a empresa, há algumas regras a serem respeitadas:

– O Mário fez o anúncio de que eu seria o sucessor dele em 2 de janeiro de 2013, embora já nos preparássemos para a sucessão desde 2011, e ainda presidiu a empresa por mais um ano, até 2 de janeiro de 2014, quando eu assumi oficialmente. Lembro-me de que, ao me entregar o cargo, ele disse emocionado: "Daqui *pra frente é por sua conta!*". Mas nesse último ano como presidente ele já deixou a mesa dele lá intacta; o Mário diariamente ia à Gazin, circulava em todos os departamentos, mas não ficava na mesa dele, posicionada no salão do escritório que não possui divisórias.

Ou seja, ele queria que os funcionários se desacostumassem da presença dele.

Estrategicamente, Osmar respeitou a história e o ambiente cativo de Mário na Gazin:

– Quando eu assumi, eu não usei a mesa do Mário. Respeitei o espaço que ele ocupou por tantos anos. Um espaço que era e é dele!

A ideia deste livro nasceu de Mário Gazin, justamente para compartilhar e apresentar ao leitor um modelo de sucessão presidencial de empresa familiar que deu certo, mas que para alcançar o sucesso teve de ser pensado, preparado, qualificado, sustentado, dialogado e, principalmente, aprovado!

E não há melhor forma de aprovação do que apresentar ao final de cada ano um balanço sadio, com crescimento de faturamento e de lucro líquido! Por isso, Osmar Della Valentina comemora:

– Eu espero que este livro desperte nas pessoas o sentimento de nacionalismo e de humanismo que temos aqui na Gazin. O Mário e eu buscamos sempre melhorar e elevar o patamar da Gazin com o comprometimento das pessoas. Visamos transformar os bons efeitos em resultados positivos para os acionistas, para os colaboradores e para o Brasil! O propósito do livro é alertar os empresários sobre a importância de planejar e de realizar o processo sucessório, e de mostrar que são as pessoas que mudarão tudo aquilo que criticamos no país.

E Mário Gazin reforça:

– Sim... temos o compromisso de trabalhar por nós e pelo Brasil! Colaboramos para que a economia gire e cresça! Quando uma empresa encerra as atividades, são várias pessoas que ficam desempregadas e uma corrente de consumo que se quebra! Há sempre os que criticam e os que fazem! Nós, na Gazin, inspiramos e transpiramos, colocamos a mão na massa e temos total conhecimento

O presidente Osmar e a proximidade com o grupo de trabalho

das nossas responsabilidades! E como gosto de dizer, mexemos o doce...

A Gazin pensa e age levando em conta e prezando o contexto social e econômico do país. Por isso, a solidez e, em especial, a continuidade das empresas são fatores determinantes para que isso aconteça!

Sobre o tema continuidade, Mário relembra da importância de se criar a Holding:

– Ao formar a Holding, se você tiver pena da família, ela sofrerá lá na frente. Eu mesmo pensava e reavaliava sobre alguns pontos que não seriam tão benéficos para os meus filhos e sobrinhos, mas o tempo mostrou que a forma como agimos lá atrás não os prejudicou no futuro. A empresa cresceu e se valorizou muito. O resultado foi maravilhoso. Na Holding, quem manda é o Conselho de Administração, não tem mais o status de "dono". O Estatuto é que comanda tudo. E a participação de Conselheiros de fora da empresa e que atuam em outros setores da economia eleva o nível das discussões e análises, agrega conhecimento e experiências, traz um olhar mais neutro das situações.

É importante registrar que as pessoas devem entender, por meio deste livro, sobre a questão necessária do sacrifício presente em razão do benefício futuro. Seria como, hipoteticamente, começar a fazer uma poupança hoje para usufruí-la daqui a cinco ou dez anos.

Osmar Della Valentina exemplifica:

— É muito mais caro quando você usufrui primeiro o benefício para depois pagá-lo. Seria como comprar um carro financiado pelo banco em vez de fazer um consórcio. Se financiar, daqui a três anos você estará pagando as prestações e andando com carro velho; já com o consórcio você tem mais vantagens, principalmente se pegar o carro ao final do grupo. Tudo aquilo que faz bem para a empresa nem sempre é tão proveitoso para as pessoas. Por isso é importante organizar a empresa o mais cedo possível. Você resolve tudo com muito mais facilidade.

A sucessão é também algo inevitável! Pode demorar mais ou menos, mas o momento decisivo de fazê-la chegará!

Cuidado, então, para não perder o *time* ideal de executar a sucessão, de encontrar e preparar a pessoa certa, e de sustentar e dar tempo para que tudo aquilo que foi implantado possa maturar e, assim como aconteceu com a Gazin, se tornar honrosamente um modelo vencedor de sucessão!

Este livro representa o primeiro passo para se mostrar o "Jeito Gazin de ser e de fazer". Uma empresa que sempre abriu as portas para quem quiser conhecer sua essência. Aliás, esta é uma retribuição que Mário Gazin dá ao mercado:

— Eu aprendi muito com outras portas que se abriram para mim, e nada mais justo do que compartilhar um pouco daquilo que aprendemos na Gazin. Estamos aqui prontos para conversar com quem quiser saber mais sobre varejo, indústria, logística... e, em especial, sucessão! Recebemos em média 3.000 alunos por ano que estudam o *case* da Gazin.

A Gazin criou seu modo próprio de gestão fundamentado nas experiências, aprendizados e crenças do seu fundador, dos acionistas e do sucessor Osmar Della Valentina, preocupados com a continuidade da empresa e a segurança de milhares de colaboradores que foram regidos por décadas sob a batuta de Mário Gazin!

Um empreendedor que sempre trocou a primeira pessoa do singular, o "Eu", pela primeira pessoa do plural, o "Nós"!

Entrevista: Mário Gazin e Osmar Della Valentina

Perguntas finais para Mário Gazin e Osmar Della Valentina sobre sucessão da Gazin e de empresas familiares:

Valeu a pena realizar o processo sucessório?

Mário Gazin

Valeu muito a pena todo o meu esforço, o dos meus irmãos e o dos nossos colaboradores! É gratificante avaliar como a Gazin é importante na minha vida e na das pessoas. A Gazin tem um grupo de trabalho qualificado e que mescla experiência com jovens talentos. É uma empresa moderna, estruturada e pronta para enfrentar e continuar a vencer nos mercados em que atua. O sucesso da Gazin tem tudo a ver com o nível dos nossos colaboradores. Eu me realizo ao final do ano quando distribuímos 5% do lucro líquido para os funcionários. Mas, em 2017, eu conheci num evento sobre varejo nos Estados Unidos um empresário cuja ação é ainda mais nobre. O nome dele é Hamdi Ulukaya, fundador e CEO da Chobani, a marca de iogurtes mais vendida nos Estados Unidos. Hamdi Ulukaya não completou ainda 50 anos, é um grande empreendedor e distribui 15% dos lucros para os funcionários da Chobani. Sou fã dele!

Osmar Della Valentina

Claro! Logo que assumi eu me reuni com os líderes e entreguei a eles quatro "mandamentos" que eu havia escrito para serem respeitados. O primeiro dizia: "Vocês são minhas pessoas de confiança"; o segundo registrava: "Não quero tratamento diferente a partir de hoje só porque sou o presidente"; o terceiro era um pedido: "Quando se dirigir a mim, seja objetivo, franco e direto"; e quarto era: "Diga sempre a verdade e não algo apenas para me agradar".

Com isso, as pessoas viram que eu não queria promover grandes mudanças, mas sim as necessárias. O Mário tinha a forma dele de trabalhar, enquanto que eu sou diferente nisso. Mas ambos confiamos nas pessoas e prezamos e lutamos pelo bem dos funcionários e dos clientes.

O fato de eu me levantar todos os dias, olhar para as pessoas e ver que através da Gazin elas realizam os seus sonhos é gratificante. Eu fico feliz quando um funcionário compra um carro novo ou constrói a casa dele. Contribuir para as pessoas melhorarem de vida é algo que me motiva e inspira a querer trabalhar intensamente todos os dias. Ontem eram cinco mil funcionários... hoje são mais de oito mil e trezentos funcionários... amanhã serão quinze mil. Você pode doar parte da sua vida para cooperar com a vida de outros!

Quem ganhou mais rugas e cabelos brancos?

Mário Gazin

(risos...) Nós dois ganhamos rugas e cabelos brancos. Eu vivi mais tempo, mas peguei a empresa pequena, o Osmar já pegou a Gazin, digamos, "adulta". Então... eu tenho mais rugas e cabelos brancos... Mas são motivos de grande alegria e de muita honra!

Osmar Della Valentina

(risos...) O Mário "ganhou" os dois. Eu ganhei cabelos brancos, rugas não. Mas... perdi muitas horas de sono. Dentro do mesmo raciocínio, o Mário perdeu mais... Eu envelheci mais nos primeiros dois anos. Nos últimos três estava mais calejado. Eu tenho insônia muitas vezes. Antes eu dormia meia-noite e acordava às 6h. Às vezes perco o sono durante a madrugada e vou para a esteira correr às 3h, 4h da manhã; depois disso consigo relaxar, tomo banho e durmo mais um pouco. Quem tem uma responsabilidade do tamanho da nossa dificilmente dorme tranquilo.

Qual a relação ideal entre fundador, sucessor e herdeiro?

Mário Gazin

Os propósitos de vida são diferentes. Eu, como fundador, me preocupo com a empresa, com o endividamento da companhia, com o trabalho e o bem-estar dos funcionários. Dediquei minha vida a isso e não me arrependo de nada! O herdeiro geralmente é um seguidor, ou da herança do pai ou dos passos dele. O que segue os passos do pai aprende com ele, conhece a empresa e não obrigatoriamente dá sequência ao negócio; ele não está preocupado com a herança e sim em aprender a cuidar da herança. Os seguidores acompanham os passos de quem sabe aonde quer chegar. Já sucessor é empreendedor, desenvolve estilo próprio e difere do seguidor. De cada 100 jovens no Brasil, 15 ou 16 são empreendedores.

O empreendedor tem foco, é estrategista e perfeccionista. Conheço muitos empreendedores que continuam a trabalhar nas empresas. Eles são bem-sucedidos, tanto no próprio negócio como exercendo a função de executivo. Na Gazin mesmo tenho alguns exemplos.

Osmar Della Valentina

O sucessor não precisa estar ao lado e junto de quem irá suceder, mas deve confiar nas pessoas e estar disposto a fazer os mesmos sacrifícios daquele do qual irá ocupar o cargo. Tem pessoas na empresa que fazem isso. Eu procurei durante a minha vida realizar tudo da forma correta, para não deixar dúvidas a ninguém e para que as pessoas acreditem naquilo que eu falo e faço. Venho de uma família grande, tenho muitos primos agricultores e só eu saí da "roça". Quando eu vou visitar a minha mãe, os vizinhos querem conversar comigo, para saber como eu abandonei o campo e me "aventurei" e venci na carreira executiva empresarial. Eu posso até ser demitido por incompetência, mas jamais por falta de ética e de seriedade profissional!

Por que tantas empresas no Brasil vivem dificuldades no processo de sucessão?

Mário Gazin

O problema é que ninguém quer perder o poder. O sujeito é apaixonado, mas não ama a empresa. Quem ama a empresa, abre mão do poder, pois sabe que ela precisa se renovar! Tem gestores que esperam demais para iniciar e promover a sucessão, e o processo fica mal definido e implantado. Pode acontecer um imprevisto, uma doença do pai e fundador, ou separação da esposa. Os filhos correm para socorrer o pai ou, no caso de separação, ficam entre o pai e a mãe. E isso pode levar à presidência um sucessor menos preparado. Por isso a sucessão deve começar quando o grande gestor ou fundador ainda está em ampla atividade e vitalidade.

Reforço a importância de se criar uma Holding, para que a empresa e o patrimônio não sejam dilacerados!

Osmar Della Valentina

Um fator fundamental para realizar um processo sucessório é a confiança. Acredito piamente que o Mário confia de forma irrestrita em mim, e vice-versa! Para quem não sabe, Mário e eu nos tornamos sócios de uma fazenda no Mato Grosso, onde criamos gado. O que ele fala, eu assino embaixo. E a recíproca é verdadeira! Na fazenda temos um livro-caixa. Ele faz questão de me explicar quanto gastou e quanto arrecadou, mas eu nem quero esclarecimentos, porque a palavra dele para mim basta!

Confiança é tudo! Vale para sucessão, casamento, negócios... A confiança é o alicerce das relações profissionais e pessoais!

Outro aspecto é o grau de doação do sucedido. No caso da Gazin, a doação e o comprometimento do Mário representam 70% do sucesso do processo e a minha participação e trabalho 30%. Eu sei do sacrifício que ele fez para dar certo. Muitas vezes, eu tomava decisões que eram contra a vontade dele e, mesmo assim, o Mário me apoiava. O querer dar certo dele foi mais importante do que a minha capacidade.

A empresa é como um "filho". E a sucessão é como entregar seu "filho" para outro "pai ou mãe" cuidar. O Mário entregou o "filho" dele para eu cuidar. Mas sempre que preciso falar com ele, independentemente do assunto, o Mário está solícito e por perto!

Como prospecta a Gazin daqui a alguns anos?

Mário Gazin

Eu vejo a Gazin daqui a alguns anos como uma empresa ainda mais bem--preparada, sólida, estruturada, capitalizada, com colaboradores felizes e capacitados... Eu vejo a Gazin no topo, porque certamente continuaremos a fazer as nossas obrigações com muito mais profissionalismo, amor, comprometimento e competência!

Para isso, precisamos ter união e um forte trabalho de todos na Gazin. Eu não posso falar isso para os meus filhos, que são herdeiros, mas vou pedir aos filhos que eu "criei" na empresa para que nunca mexam no que deu certo e para que deem continuidade à Gazin.

Eu, meus irmãos e meu cunhado nos incluímos nessa missão! Ter o Osmar como executivo e presidente da Gazin mudou as aspirações de carreira do pessoal. Antigamente, os que tinham pretensões de crescimento pensavam em ser gerentes. Agora, eles almejam ser diretores ou presidente executivo da Gazin! Parabéns a todos eles! Isso não é determinar caminho profissional e sim ter atitude!

Osmar Della Valentina

O Mário preparou brilhantemente a empresa. A Gazin representa uma máquina nova, revisada, financeiramente sólida, com pessoas preparadas e qualificadas. Isso facilitou o meu trabalho e projeta um futuro ainda mais promissor para os colaboradores e para a Gazin.

A minha missão é a de dar continuidade e trazer melhorias, eficiência e inovações, pois, as mudanças acontecem cada vez mais rapidamente e, se num primeiro momento podem encarecer alguns processos, logo serão trabalhadas em alta escala e se tornarão acessíveis e obrigatórias!

Estamos todos envolvidos na missão de tornar a empresa cada vez mais sólida, para que a Gazin ajude a melhorar a comunidade e o nosso país. Não jogamos no "time" dos que apenas criticam e sim dos que agem e fazem! O Brasil precisa de verdade, diálogo e ética!

MENSAGEM FINAL

Caro leitor,

Espero que você tenha se identificado com o conteúdo do livro, independentemente da sua condição profissional: seja como empresário que vive, viveu ou viverá o processo sucessório; seja como sucessor, que assumiu, é candidato ou assumirá a presidência executiva; seja como acionista; seja como familiar; seja como colaborador que vive suas motivações e dúvidas quando a empresa muda de comando.

Acredito que, de tudo que você leu até aqui, podemos tirar algumas conclusões importantes.

Comandar uma empresa exige ética, organização, direcionamento, saber ceder em determinados momentos e ter coragem para avançar em outros, ser empreendedor, entender a importância de a empresa ser rica – e não os acionistas! –, definir e cumprir regras. E um fator que entendo ser determinante: amar e entender a importância que as pessoas têm em todo o contexto, e gerar a elas riqueza!

Como já registrado, temos mais de 8.300 colaboradores. A empresa cresce graças ao trabalho, comprometimento e resultados que cada um agrega, independentemente da participação na estrutura. Por isso a Gazin está entre as melhores empresas para se trabalhar no Brasil e na América Latina, pois qualifica, reconhece e recompensa seu quadro de colaboradores, que forma e representa a "família Gazin"!

Quem comanda uma empresa grande como a Gazin não pode exteriorizar seus extremos, ou seja, medos, anseios e temores! Ao comandante não é dado o humano direito de fraquejar! Digo isso com plena convicção, pois por 47 anos fui presidente executivo da Gazin e há seis sou o presidente do Conselho de Administração.

Lugar de chorar é no chuveiro, no travesseiro! Seus comandados precisam ter a confiança de que nas horas difíceis você irá encontrar a melhor e mais segura solução, e que nos momentos de grandes conquistas você também irá saber como ampliá-las, compartilhá-las e, de forma competente, administrá-las.

Mas hoje posso dividir com você o maior temor que sempre guardei comigo: o de a empresa quebrar! Lutei e luto muito para que um dia meus netos e bisnetos não passem em frente à nossa sede e digam: "Está vendo esta empresa? Pois... um dia ela foi do meu avô – ou bisavô"!

Eu me lembro de uma carta que escrevi há alguns anos para um dos meus filhos, que até então apresentava características que poderiam fazer dele anos depois meu sucessor na empresa.

Osmar Della Valentina e Mário Gazin, parceria de trabalho que teve início em 1996

Ali eu relacionei características e exigências pessoais e profissionais para ser um empresário e empreendedor de sucesso.

O título era: "O líder precisa...".

E então discorri sobre vários pontos e exigências para se tornar um grande líder: Teimosia na medida certa, saber ceder, solidão, humildade, por vezes compensar a falta de informação... e também pedi a ele que não pagasse o mesmo preço do pai, pois não tive a oportunidade de estudar na juventude, em função da extrema dedicação ao trabalho, e só pude cursar Administração de Empresas como ouvinte, por não ter as formações anteriores que me permitissem entrar na universidade.

Fechei, então, uma das partes da carta dizendo: "É difícil não conseguir as palavras certas para poder dizer e transmitir o que queremos às pessoas. A capacidade de argumentação é clara e representa a maior 'arma' de um líder".

Segui falando do respeito às pessoas; respeito por tudo que foi conquistado: "Construa uma grande rede de carinho e confiança naqueles que estão ao seu lado" – reafirmei!

Relacionei ainda: coragem; aceitar as perdas que a escolha de um caminho traz para nossas vidas, dentre elas, a distância da família; dedicação e comprometimento; honestidade ao extremo; pautar-se sempre pela verdade; valorizar os irmãos e a família...

E encerrei a carta na tentativa de mostrar a ele que ninguém nasce líder ou presidente de uma empresa; tais condições não são dadas de "mão beijada" por ninguém, mas conquistadas pela própria pessoa:

"Eu não nasci presidente da empresa, mas conquistei o espaço; espero que um dia eu possa ver meu filho na presidência da Gazin. Vá em frente e também conquiste o seu espaço!"

Pois bem... tudo que escrevi para ele na carta foi parte decisiva daquilo que a vida me ensinou. Infelizmente, no transcorrer dos anos, ele não preencheu tudo aquilo que se espera de um líder e presidente de empresa.

Pois nessa hora não tem emoção... só existe razão! Tive que ser forte e racional, autoconfiante, frio e assertivo para buscar alguém de fora da família que se enquadrasse no melhor perfil de sucessor e presidente que a Gazin merece ter! E, com a graça de Deus, eu e meus sócios e irmãos encontramos!

Acredito que esse modelo de sucessão vencedor possa ser incorporado ao legado que tenho buscado transmitir.

Não há como deixar de comemorar e de reconhecer que minha missão foi, é e será cumprida transformando, inspirando, motivando, empregando e contratando, gerando riqueza, incentivando e aquecendo a economia...

E praticando ainda uma porção de gerúndios que o Grupo Gazin, com seus milhares de colaboradores diretos e indiretos, suas centenas de lojas, em torno de uma dezena de fábricas... deve continuar a praticar!

Esta é a minha obra... Este é o meu sonho, e que ajuda a realizar também os sonhos de milhões e milhões de pessoas!

Muita Proteção Divina, trabalho, amor da família, amigos, prosperidade e sucesso para você!

Mário Gazin
Fundador e presidente do Conselho do Grupo Gazin

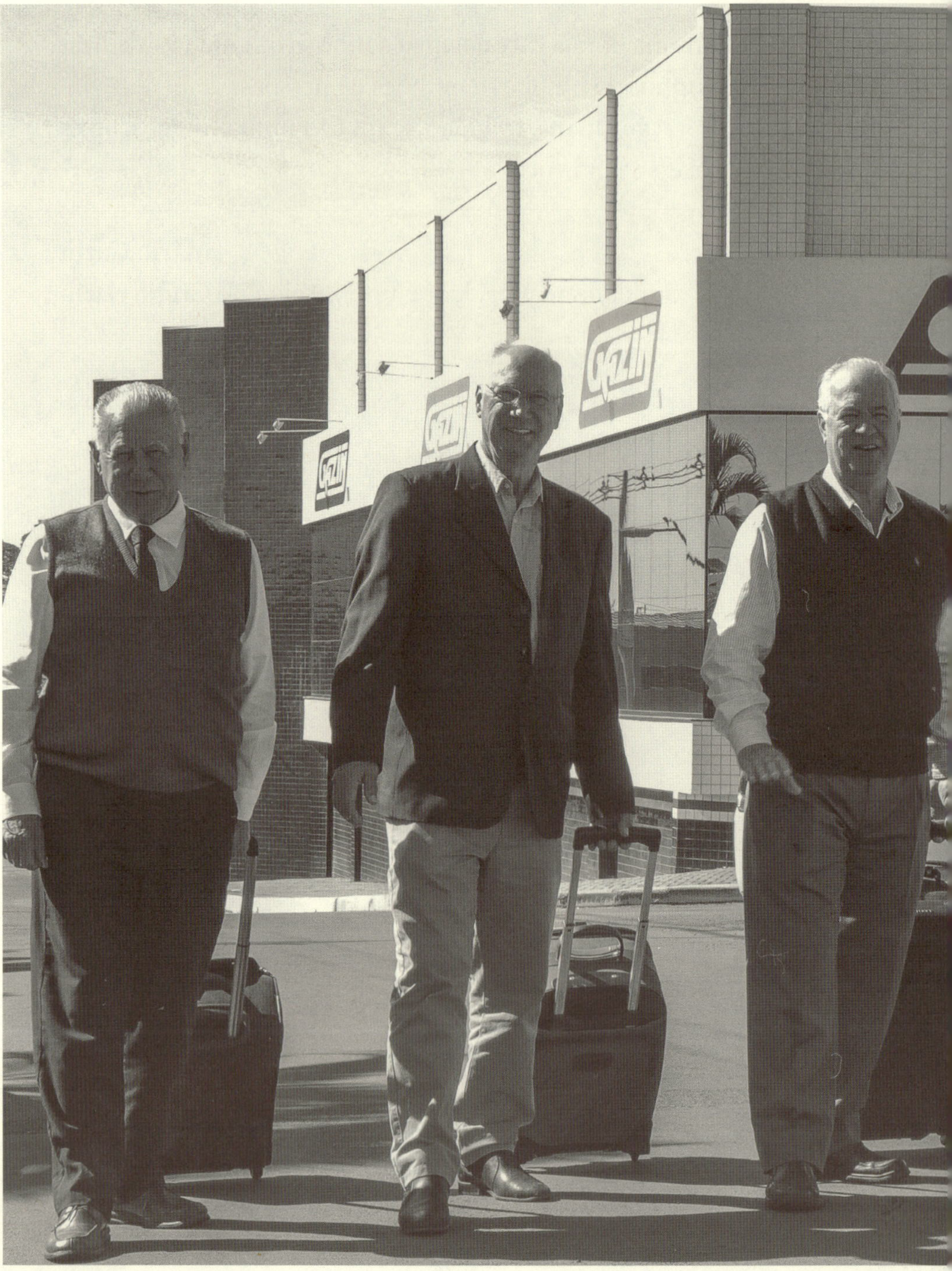
GAZIN
GAZIN
GAZIN

Da esquerda para a direita: Os irmãos Mário, Rubens, Jair, Cidinha e Antonio Gazin

SUCESSÃO
EM IMAGENS

Os irmãos Gazin e o pai comemorando a trajetória empresarial construída

Da esquerda para a direita: os irmãos e acionistas Antonio, Maria Aparecida (Cidinha), Jair, Rubens e Mário Gazin

Mário Gazin realizando inúmeras palestras em empresas e nos principais eventos corporativos do Brasil

Mário Gazin em um dos principais eventos corporativos do Brasil

Mário Gazin na Arena Corinthians, quando palestrou na convenção do Grupo Foxlux

Osmar Della Valentina: sempre participativo nas convenções gerenciais da empresa

A Gazin presente nas principais feiras dos segmentos de móveis e colchões do Brasil

Osmar representando a Gazin na entrega de premiação do Great Place to Work

O presidente Osmar e a proximidade com o grupo de trabalho

Assim como Mário Gazin, Osmar segue visitando as filiais

Osmar em visita às filiais

Osmar parabeniza os colaboradores que completam ciclos de 10 a 35 anos de trabalho na Gazin

Mário Gazin acompanha dezenas de colaboradores na "Viagem com o Patrão", premiação por metas alcançadas

No jogo das Estrelas com os Clientes, Osmar é presença certa

Mário Gazin presenteia o governador do Paraná, Ratinho Junior, com peça íntima onde estão estampadas as metas da empresa

O "chef" Osmar mantém a tradição de Mário Gazin e prepara e serve a comida no jantar com o presidente

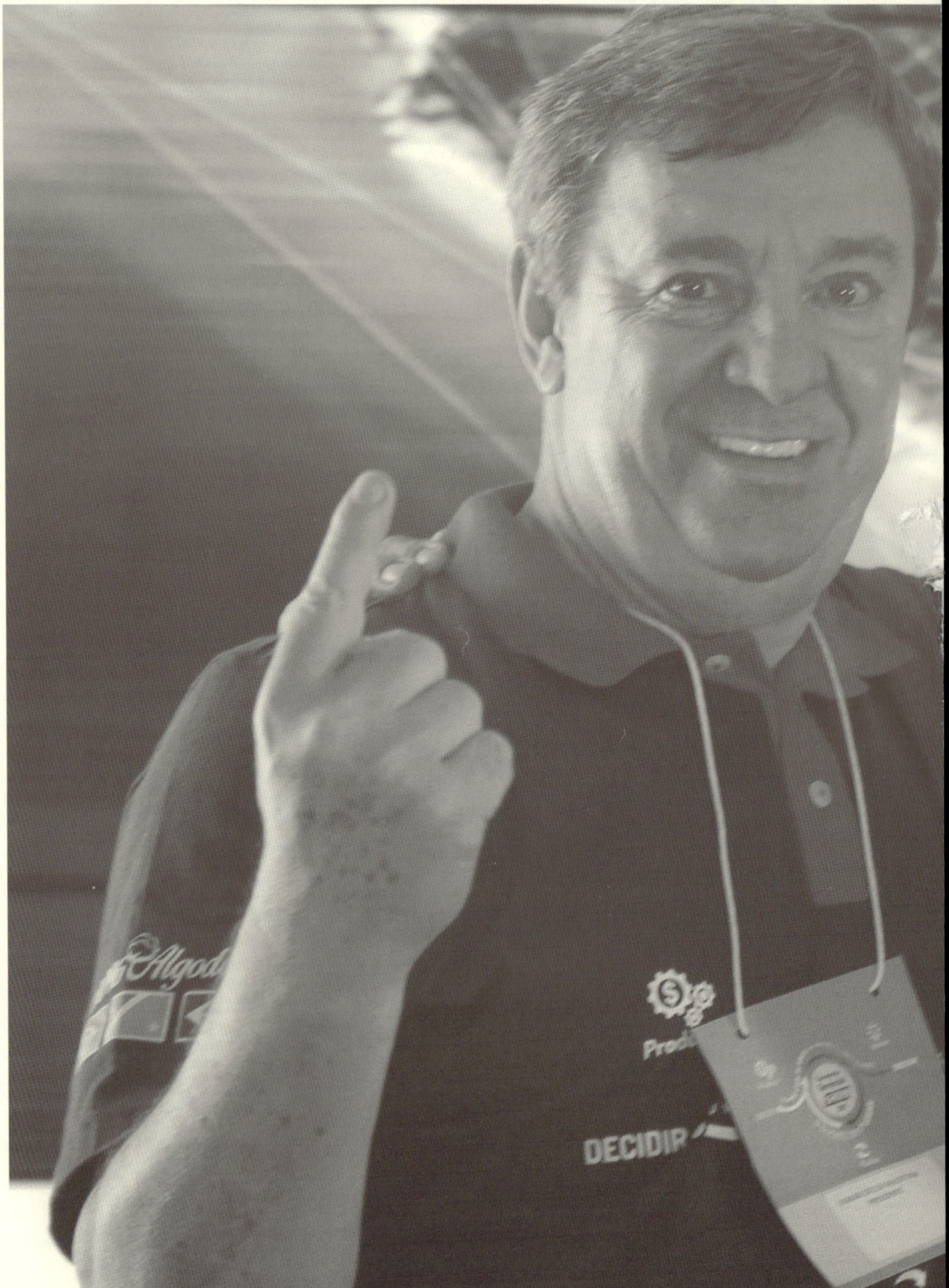
DECIDIR

Osmar Della Valentina e Mário Gazin, sintonia na gestão da empresa

FONTE: Adobe Caslon Pro

#Novo Século nas redes sociais